AF377736

A/S

Bardo Thödol

El libro tibetano de los muertos

Prólogo por
Lama Anagarika Govinda

Presentado por Eva K. Dargyay en colaboración con
Gesche Lobsang Dargyay

Revisado y corregido sobre el texto tibetano, bajo la dirección del Lama Teunzang,
en el monasterio de Karma Migyur Ling San Marcelino

edaf

MADRID MÉXICO BUENOS AIRES SANTIAGO

2025

Índice

Prólogo

Por LAMA ANAGARIKA GOVINDA

Acarya, Arya Maitreya Mandala

Hace más de medio siglo, el lama Kazi Dawa Samdup realizó una traducción del *Bardo-Thödol* que el doctor Evans-Wentz redactó y publicó con el título de *El libro tibetano de los muertos*. Se trataba, para aquella época, de una importante realización, debido a lo poco que se conocía el budismo tibetano, hasta el punto de que varios sabios de renombre pusieron en duda la autenticidad del texto, presumiendo que Evans-Wentz había sido víctima de un engaño y que le habían entregado un manuscrito falsificado. Olvidaban, quienes así pensaban, que la falsificación de semejante manuscrito en tibetano clásico no podía deberse sino a la mano de un sabio de gran categoría, y en ese caso no era plausible imputarle esa intención a quien se hubiera encargado de semejante trabajo. En efecto, ofrecer al mundo ese escrito firmado con su propio nombre hubiera sido mucho más sencillo que firmarlo con el nombre de Padmasambhava. Esto no es más que un ejemplo del escepticismo de la época frente al Tíbet y a la literatura tibetana, desconocidos en la mayoría de los círculos.

Mientras, el *Bardo-Thödol* se había convertido en una de las obras más célebres de la literatura internacional. A este respecto, merece toda la atención, no solo de los filólogos, sobre todo de los tibetólogos, sino también la de los psicólogos que hicieron importantes descubrimientos gracias al conocimiento del Bardo-Thödol. C. G. Jung, por ejemplo, escribió unos comentarios significativos a este respecto. Gracias a eso, el Bardo-Thödol ha pasado a ocupar el centro del pensamiento moderno y de la investigación científica. Se empieza a considerar a esta obra, no ya solo como un documento importante de una especulación religiosa o de un pensamiento mitológico, sino como el fundamento de un conocimiento psicológico que como tal pertenece a toda la humanidad, y deja de ser patrimonio de una religión o de una cultura particular. Debemos revisar nuestro juicio sobre lo que considerábamos producto de un folklore primitivo. Asimismo, tenemos que reconsiderar nuestro concepto de progreso de una civilización. Es posible que los tibetanos hayan quedado rezagados en el terreno del desarrollo técnico, pero están mucho más adelantados en el terreno de la psicología, y sobre todo en las técnicas de meditación. Basta leer obras como *Lam-rim- chen-po*, de Tsonkapa, o el *mkas-grub-rjè*, el *Fundamentals of the Buddhist Tantras (r Gyudsde-spihi -rnam-par-gzag- par-brjod)*, para maravillarse del desarrollo extraordinariamente refinado de la psicología en la escolástica tibetana. Hasta hoy no hemos empezado a comprender esas ideas tan adelantadas, gracias a la nueva psicología de las profundidades, que por vez primera se ha atrevido a traspasar las fronteras de nuestra conciencia despierta para aventurarse en las capas profundas de la psique humana.

La psicología moderna descubría de este modo las estructuras universales del consciente profundo y su condicionamiento por los arquetipos. Estos no solo desempeñan un papel determinante en el consciente humano. Sabemos ahora que la verdad de los dioses y diosas consiste precisamente en esos arquetipos, rechazados por el pensamiento del hombre occidental de hoy, así como por tantas generaciones anteriores. Por tanto, esta perspectiva nos permite ver que lo que nos parecía simplemente la simbología mítica de una cultura particular, tiene en realidad un significado universal y encierra una verdad para la humanidad tanto presente como futura. Por esta razón, consideramos las enseñanzas del Bardo-Thödol como una obra preciosa de la literatura universal, como la Biblia, el Corán, los Upanishads, el *Yi-King*, el *Tao Te Ching,* y como los dramas de Shakespeare, de Goethe, la *Divina Comedia* de Dante y las grandes obras del Renacimiento.

Cuanto más profundicemos en su comprensión, más traducciones e interpretaciones encontraremos, más versiones diferentes tendremos a nuestra disposición y mejor descubriremos la verdad contenida en cada uno de los escritos esotéricos del pasado. Escribía Evans-Wentz hace más de medio siglo, en su introducción del Bardo-Thödol: «Los textos tibetanos tántricos resultan particularmente difíciles de verter al inglés; por su forma abreviada, a veces hay que recurrir a la interpolación de palabras o de frases. En los próximos años, al igual que ocurrió con las primeras traducciones de la Biblia, esta versión podrá ser objeto de revisión*». La traducción literal de obra tan abstrusa en su verdadero significado, y escrita en lenguaje simbólico, resulta ardua, sobre todo si la emprenden europeos que, con frecuencia, difícilmente logran trascender su mentalidad occidental, por ser primero cristianos y luego eruditos. Pueden perderse, como suele ser el caso de las traducciones de vedas realizadas a partir del sánscrito. Incluso para un tibetano, si no es un lama versado en tantrismo, el Bardo-Thödol es un libro cuasi-hermético.

Felizmente, la traductora de la presente obra no es solo especialista en budismo tibetano y profesora de tibetología en la Universidad de Munich, sino que está profundamente vinculada a la práctica de la tradición tibetana. Su colaborador, formado por el Dalai-Lama, es un lama notable, igualmente lector de tibetano en la famosa Univer-

---

* Se me encargó esta revisión cuando, al morir el lama Dawa Samdups, el doctor Evans-Wentz me llamó como consejero tibetano. La nueva edición de *El libro tibetano de los muertos*, revisada y corregida por mí, apareció hace unos años en Olten, editada por Walter.

sidad de Viena. Creo, pues, que podemos dejarnos guiar con toda confianza por estos dos investigadores, sobre todo teniendo en cuenta que se trata de documentos de la tradición *Gelugpa* que no se aparta prácticamente de los *Nyingmapa* y *Kargyüpa*. Esta tradición transmite fielmente lo esencial de esos textos, desde hace cerca de mil años.

Hay que decir, por otra parte, que la tibetología ha realizado enormes progresos en los últimos cincuenta años; de tal forma que hoy disponemos de medios de investigación que no existían en tiempos de Evans-Wentz. Él sería el primero en acoger con los brazos abiertos las nuevas traducciones e investigaciones, ya que carecía de todo orgullo personal. Su único deseo era transmitir fielmente el budismo tibetano en el que se refleja el *Dharma* del Buda. Para cumplir sus deseos, tenemos que desentrañar los pensamientos conductores de este libro, que no concierne solo a los tibetanos, sino al mundo entero.

Se atribuyen las enseñanzas del Bardo-Thödol al gran apóstol budista Padmasambhava. A mediados del siglo VIII de nuestra era, invitado por el rey Ti-song-de-tsen, llevó el budismo al Tíbet y fundó el primer monasterio (*samye*). Su personalidad excepcional causó una impresión tan profunda en sus contemporáneos, que aún hoy, doce siglos después, el recuerdo de su vida y de sus actos sigue vivo en la memoria del pueblo tibetano. Por lo que de él sabemos, era un hombre que transmitía el Conocimiento de forma práctica, dando unas enseñanzas desacostumbradas; estaba al mismo tiempo dotado de fuerzas psíquicas que emanaban de su profunda espiritualidad. De otro modo, no hubiera podido conseguir en tan pocos años someter al sacerdocio hostil de un país bárbaro en la cumbre del poder y que tenía dominada a China en aquella época. Las dificultades con que se tropezó en su tarea, pese a la simpatía del rey y de la corte, nos recuerdan a las del gran sabio y santo Shantarakshita, que fue primero llamado al Tíbet y luego tuvo que abandonar rápidamente el país, no pudiendo regresar a él hasta después de su pacificación por Padmasambhava.

Si bien Shantarakshita quiso llevar el budismo al pueblo tibetano sin tener en cuenta su mentalidad y sus tradiciones, Padmasambhava, por el contrario, se mostró más diplomático, pues era un buen psicólogo a la vez que gran sabio. No condenó en absoluto la antigua religión de los tibetanos, sino que respetó a los *genii loci*, incluyéndolos en el círculo de las divinidades, con tal de que se respetara y practicara el Dharma. Se comportaba en esto igual que el Buda, que jamás combatió a las divinidades de la tradición veda, sino que demostró cómo el budismo las englobaba, al haber anulado la noción de karma cualquier influencia nefasta que hubieran podido tener sobre el alma del pueblo tibetano.

Los versos de la Dedicatoria, al comienzo de la obra, nos indican que deben atribuirse a Padmasambhava las ideas esenciales y quizá incluso una versión primitiva del

Bardo-Thödol, tal y como se ha conservado en la parte métrica de la obra. Estos versos nos permiten identificar al autor. Nos presentan, en cualquier caso, las bases espirituales sobre las que reposa la obra.

> ¡Oh! Amitabha, luz infinita del Cuerpo de Vacuidad
> ¡Oh! Apariciones apacibles e iracundas
>   [Jinas y Boddhisattvas] (*Lha*)*
> ¡Oh! Orden del Loto, Cuerpo de Gozo.
> ¡Oh! Padmasambhava, Salvador de todos los
>   seres, encarnación terrestre (*Nirmanakaya*).

Venerados seáis los Tres Cuerpos del Buda.

Estos versos apelan al conocimiento de los mandalas, a la simbología de las imágenes y, sobre todo, a la enseñanza de los «Tres Cuerpos» *[trikaya]*, que concierne a la naturaleza de las realizaciones espirituales de un Buda. Volvemos a encontrar la representación de estos «Tres cuerpos de Buda» en el *Mahayana-Shraddhotpa-da-Shastra*. Estas nociones son fundamentales para la comprensión del Bardo-

---

* *Lha*, en tibetano, no puede sustituirse por el concepto de dios. La apelación de «dios» es grotesca para los Budas e induce a error. Los dioses también pertenecen al ciclo de las existencias, mientras que solo un Buda alcanza la liberación perfecta. He aquí los diferentes significados de la palabra *Lha* según el contexto:

1.º Habitante de un grado de existencia más elevado que el de los hombres. Corresponde al *Devas* de la religión hindú y a las jerarquías celestes de los ángeles de la religión cristiana.

2.º Espíritu vinculado a la tierra, demonios y genios de ciertos lugares y de ciertos elementos.

3.º Forma de aparición de las realizaciones espirituales como los Dhyani Budas y los Bodddhisattvas.

Thödol. La explicación de estos versos de introducción es, por tanto, la clave del Bardo- Thödol. La naturaleza de nuestro ser profundo no es diferente de la de un Buda. La diferencia reside en que un Buda es consciente de esa naturaleza, mientras que el hombre apegado a la tierra no lo es, por culpa de la ilusión del ego, del yo. Esta naturaleza profunda del ser se llama *Sunhyata,* pura potencialidad, pura vacuidad del «aún sin formar» que presupone toda forma; para la conciencia del espíritu iluminado será el *Dharma,* la más alta verdad, la ley de virtud inmanente. Representa el estado espiritual de un Buda. El *Dharma Kaya** o Cuerpo de Vacuidad, Cuerpo del Dharma en Sí, es el más alto principio de la Budeidad.

El *Sambhoyakaya***, el Cuerpo de Gozo espiritual bienaventurado, es el fruto del Dharmakaya a nivel de la visión intuitiva. Aquí lo indecible se convierte en visión creadora, forma simbólica espiritual, experiencia de dicha bienaventurada. Es la herencia que nos han dejado por su actuación en el mundo las almas que han alcanzado

---

* Ver: *Enseignements Bouddhiques tibétains,* por Kalou RINPOCHÉ, Ediciones Kagyu-Dzong, 1975, pág. 65. (*N. del T*).

«*Dharmakaya,* literalmente el cuerpo del Dharma; es decir, el cuerpo informal y omnipresente de los Budas. Abarca y penetra todo, carece de cualquier característica limitativa, de toda determinación, trasciende a todas las categorías que emanan del espíritu. Se puede decir que es el cuerpo de la vacuidad».

** Ídem., p. 72 (*N. del T*).

«*Sambhogakaya,* cuerpo de gozo de los Budas, así llamado porque goza de todos los atributos y de todas las cualidades formales e informales».

la iluminación. Ellas fueron la encarnación visible de esa experiencia que conoce el hombre imbuido de ese espíritu y cuya forma corporal se va metamorfoseando a imagen de la vida anterior. Según la concepción búdica, el cuerpo es una conciencia hecha visible. La iluminación interior transforma, pues, el cuerpo visible en «Cuerpo de Metamorfosis», llamado *Nirmanakaya*, que es la descripción del cuerpo de todo ser humano que ha pasado por la vía de una metamorfosis espiritual.

Por tanto, nuestro verso significa que Padmasambhava es el amo y protector de cuantos se confían a él y le veneran en esos Tres Cuerpos del Buda, o principio del orden del Loto, a saber:

—en el plano de la ley universal de Dharmakaya como luz ilimitada o *Amitabha*;

—y en el plano de la aparición corporal (Nirmanakaya) en su forma humana, que no es sino la encarnación de las formas antes mencionadas.

No es, pues, la personalidad histórica a la que se venera en su forma humana, sino a la forma del principio interior, imperecedera, que se expresa en ella.

Como observa acertadamente Kern[*], el *objeto del culto religioso* y el Buda no fue nunca un ser humano para los budistas. El Buda tampoco era un dios, como observaba él

---

[*] H. KERN, «Manuel de bouddhisme hindou», en *Grundriss der indoarischen Philologie und Altertumskunde*, Estrasburgo, 1896.

expresamente en uno de sus discursos. Era el iluminado; y por tanto, más que un dios, que para alcanzar la redención ha de volver a tomar forma en una vida humana, ya que la vida humana es la vida de la decisión. Sigue diciendo Kern: «La figura histórica del maestro Sakyamuni recibe erróneamente el nombre de Buda o *Tathagata*. Efectivamente, el objeto de culto no es la divinización del hombre *Sakyamuni*». Es lo que le trasciende, más allá de la forma de aparición que adopta una vez; lo que le relaciona con todos los Budas que le han precedido y que le sucederán. La *Bodhicitta*, la conciencia del despertar, es sobre todo ese espíritu suprapersonal que todo lo abarca y que se encuentra en estado potencial en todo ser vivo.

Mientras esa conciencia no pueda vivirse o realizarse en su totalidad (lo que solo logra el Buda), deberemos contentarnos con los reflejos de la visión interior en donde los principios y las cualidades de la iluminación están separados como los rayos del sol cua ndo pasan por un prisma.

Las formas de los símbolos de estas visiones no son creaciones arbitrarias, sino, por así decirlo, las huellas luminosas que deja la experiencia milenaria de la espiritualidad en el alma humana; son los cuerpos luminosos de todos los espíritus del despertar que nos han precedido en la tierra, los cuerpos creados por sus méritos, cuerpo de recompensa de todos los Budas, también llamado *Sambhogakaya,* cuerpo nuevo que elaboramos con nuestro estado de veneración.

De este modo, los *Jinas* y Boddhisattvas que aparecen en la visión profunda, son cada uno cierto aspecto de la iluminación (pensamiento del despertar) y, por tanto, también un aspecto latente de cada conciencia del despertar. Para preservar el espíritu de una dispersión arbitraria, los maestros de las diferentes escuelas proponen unos dibujos geométricos concéntricos, llamados mandalas. Son unas representaciones del espíritu en las que se fijan las posiciones y relaciones recíprocas de los diferentes símbolos e imágenes nacidas de la visión profunda. A esta descripción se le llama «loto del quíntuple desarrollo de la visión profunda».

Sin desarrollar aquí el estudio de los mandalas, nos limitaremos a indicar que los Jinas o Vencedores de la ignorancia, los Boddhisattvas y demás figuras que los acompañan (reunidos en tibetano bajo la expresión *Lha)* están repartidos en cinco desarrollos:

el desarrollo del *Vajra;*
el desarrollo del *Ratna;*
el desarrollo de *Padma;*
el desarrollo del *Karma,* cuyos símbolos representa la circunferencia del mandala, mientras que el centro es el desarrollo del *Buda,* la reunificación de todos esos principios cuyo símbolo está representado por la rueda de la ley del *Dharma-cakra.*

El *Vajra* (El Centro de diamante, traducido siempre erróneamente por el dibujo del rayo, que sería sin embargo válido para el hinduismo) significa la indestructibilidad, la inquebrantabilidad de la conciencia del despertar, semejante a la gran vacuidad, *Sunhyata*, y personificado por el Dhyani-Buda-Aksobhya.

El *Ratna* es el don de los Tres Raros y Sublimes[*] a través de los cuales el Buda da su propia persona, su doctrina y su comunidad. En este caso está personificado en Ratnasambhava y se lo representa con el gesto del don.

El Loto *(Padma)*, o desarrollo de la meditación, se expresa por Amitabha, representado en la postura de la meditación *(Dhyana-mudra)*.

El doble-vajra, o *Karma*, significa en este caso la realización del saber por la compasión y el constante amor al prójimo. Se lo representa por medio de Amoghasiddhi en el gesto de la «impasividad» *(Abhaya-mudra)*. Cuando la compasión *(Karuma)* surge de un amor espontáneo al prójimo, suprime los efectos consecutivos del karma *(Karma-vipaka)*. Aquí se considera al karma como acción pura, no como una serie de acciones.

La rueda de la ley *(Dharma-cakra)* representa la presencia potencial de las cuatro cualidades anteriores, simbolizadas por Vairocana, que es el desarrollo del Buda, en el centro de la esfera del Dharma *(Dharmadhatu)*.

---

* En sánscrito, *Triratna* = Tres Joyas. *(N. del T.)*
  En tibetano, *Keunchosoum* = Tres Raros y Sublimes. *(N. del T.)*

Cada una de las cuatro cualidades anteriores puede desarrollarse a distintos niveles. En tanto que potencialidad, a nivel de las leyes universales; en tanto que idea creadora, a nivel de la experiencia espiritual; en tanto que materialización o encarnación de la idea, a nivel de la aparición corporal.

Cuando se considera a Padmasambhava como encarnación del desarrollo del loto, «nacido del loto» como su nombre indica, significa que se hace uno con la idea y las cualidades de Amitabha. El ejercicio de esta meditación del mandala de Amitabha lleva a la realización interior. Estas enseñanzas de origen propiamente suprahumano no eran una mera transmisión de teorías filosóficas. Reposaban sobre experiencias de orden meditativo, pues Padmasambhava quería dejarle al mundo no un nuevo sistema, sino la vía de la experiencia individual, la realización de la meta, que son posibles en cada vida humana desde este momento y no solo en un futuro lejano.

¡Efectivamente, solo los que están dispuestos a recorrer el camino propuesto, poniendo en práctica los mandamientos, pueden entrever las observaciones, indicaciones, símbolos y visiones descritas en el Bardo-Thödol. Mientras que los que meten la nariz en los secretos de esta obra por mera curiosidad, verán como aumentan sus dudas e incertidumbres, no harán mas que añadir un nuevo trofeo a su colección de curiosidades exóticas!

El Bardo-Thödol se ha hecho célebre bajo el título de *El libro tibetano de los muertos,* título muy impresionante, sobre todo por su analogía con *El libro egipcio de los muertos.* Sin embargo, como vamos a demostrar, este título de *El libro tibetano de los muertos* no corresponde verdaderamente al contenido de la obra.

Nada puede inducir más a error que comparar estos dos libros. C. G. Jung, en su comentario a la traducción alemana, distingue perfectamente las dos obras cuando dice: «*Sin comparación* con *El libro egipcio de los muertos,* del que no se puede decir sino demasiado o demasiado poco, el Bardo-Thödol contiene una *filosofía comprensiva humana que se dirige a los hombres y no a los dioses* o a hombres primitivos. Su filosofía es la quintaesencia de la psicología crítica búdica y, como tal, puede decirse que es una reflexión extrema».

En el título del Bardo-Thödol, la palabra *muerte* no aparece por ninguna parte. Este término desvía totalmente el sentido de la obra que reside en la idea de *liberación,* es decir, liberación de las ilusiones de nuestra conciencia egocéntrica que oscila perpetuamente entre nacimiento y muerte, ser y no ser, esperanza y duda, sin alcanzar el despertar, la paz del nirvana, ese estado estable, lejos de las ilusiones del samsara y de los estados intermedios.

Relacionar *bardo* y *muertos* sería un retorno a las representaciones del mundo más primitivas. La palabra *bardo* tiene un significado infinitamente más amplio y no concierne al concepto de la muerte más que en un caso particular.

Para quien confía en la metafísica búdica, está claro que nacimiento y muerte no son los únicos fenómenos de la vida y de la muerte, sino que intervienen en nosotros de forma ininterrumpida. En cada instante, algo muere dentro de nosotros y algo nace. Los diferentes Bardos no son sino los diferentes estados de conciencia de nuestra vida: el estado de conciencia despierta, de la conciencia de sueño, de la conciencia de agonía, de la conciencia de muerte y el estado de la conciencia de renacimiento.

Todo esto se describe claramente en los versos radicales de los Seis Bardos (*Bar-do-rnam drug-rtsa-tsig*), que constituyen el núcleo original de la obra. Esto demuestra que nos enfrentamos aquí con la verdad de la vida, y no solo con una instrucción sobre la muerte, o con una misa de muertos, como podría hacernos creer la obra posteriormente degradada.

No es una guía de muertos, sino una guía de cuantos quieren traspasar la muerte, metamorfoseando su proceso en un acto de liberación. Efectivamente, al morir, pasamos por las mismas etapas que atravesamos en los estados progresivos de la meditación. Ya decía Plutarco: «En el instante de la muerte, el alma alcanza los mismos misterios que los grandes iniciados».

Al cortar automáticamente con la envoltura corporal y con todas las voliciones e impedimentos de la conciencia superficial, la muerte nos da visiblemente una ocasión excepcional de liberarnos del dominio de nuestros instintos oscuros, y nos permite percibir la luz liberadora, aunque solo sea un instante. El que logre permanecer atado a ese instante, y mantenerse a la altura de ese conocimiento, alcanzará esa liberación. Por el contrario, la caída de quien no pueda permanecer en ese nivel, acarreará un retorno más o menos difícil al círculo de los nacimientos.

Solo se enfrentan a la impetuosidad de ese instante quienes se hayan preparado durante su vida. Por eso, la iniciación de los grandes misterios de la antigüedad consistía en una muerte simbólica del iniciado. Padmasambhava también la utilizó, como podemos comprobar en su advertencia del último verso, en el que vemos que, en la idea de la aproximación a la muerte, no se trata de querer rehusar los intereses insignificantes del deseo de vivir, sino de consagrarnos al Dharma mientras la vida nos lo permita.

A este fin, conviene incluir la muerte en la vida cotidiana, no como un rechazo de la vida, sino como parte inseparable y necesaria de la vida. Para penetrar en esta esfera de experiencias, no se trata de hacer consideraciones morbosas —que pertenecerían a un mundo muy distinto y servirían a unos fines muy diferentes—, sino de descender al fondo del núcleo del ser en el que encontramos a la vida y a la muerte indisolublemente unidas.

Presentación

Por Eva K. Dargyay

La experiencia de la muerte en las tradiciones míticas

En casi todas las culturas de la humanidad, la muerte, experiencia horrible y terrorífica, inspira la reflexión sobre el sentido de la vida, sobre las causas que llevan a tamaña prueba y la acción apremiante que la hace inevitable. Se intenta, desde el albor de la humanidad, dar un sentido al horror y captar lo incomprensible con imágenes míticas.

No conocemos ninguna cultura que no haya tratado de resolver el enigma de la muerte. Todas las culturas nos transmiten esencialmente la misma imagen[1].

Al principio, cuando el hombre era aún totalmente uno, inseparable del ser divino, no conocía la muerte. No tuvo que padecerla hasta haber caído del orden divino

---

[1] Mircea Eliade, *Mythologies de la mort*, en: Occultism, Witchcraft and Cultural Fashions. Chicago, 1976, p. 32.

celestial, hasta haberse separado de él. El estado primero del hombre era paradisíaco. Vivía en el jardín del Edén, no conocía ningún deseo, ningún odio, formaba uno con los demás seres vivos y conocía la felicidad contemplando al ser verdadero. Las más antiguas culturas ven el estado original del hombre de una forma aún más concreta: los frutos están a su disposición en abundancia, le basta con cogerlos. Desconoce hostilidades y luchas. Pero, sin embargo, por paradisíaco que sea ese estado original del hombre, lleva en sí la marca de la inmovilidad y de la permanencia, sin ninguna creatividad, ninguna libertad. Así aparece la muerte en su sentido profundo, como una consecuencia necesaria a la ausencia de flexibilidad del estado original paradisíaco. Para poder desarrollarse, el hombre tiene que morir, como harán todos los santos, los místicos, los chamanistas y los maestros espirituales. La muerte tiene la cabeza de Jano; mira al mismo tiempo al mundo y al más allá, pero es también el umbral en que se confunden sufrimiento y dicha, inmovilidad y movimiento.

Desde los tiempos más remotos, el tema de la muerte ha ocupado un lugar preponderante en el pensamiento humano. Nuestra época no puede evitar la cuestión de la muerte que nos asalta a diario. Cada tarde viene a golpear nuestras conciencias a través de las antenas de televisión. Nunca una época ha sentido la muerte de forma tan unidimensional como la nuestra. La muerte, en general, no es más que el final absurdo de una vida carente de sentido.

La muerte no es más que el siniestro segador que nos lleva. Cuando, en Occidente, empezamos a despojar a la muerte del significado que le daban la religión y los mitos, la profanación total de la vida humana no fue más que cuestión de décadas. No podemos ya darle un significado a la muerte, en la que no vemos más que la detención de ciertas funciones orgánicas. La muerte se ha convertido en un estado fisiológico. Pero esta idea nos resulta tan poco satisfactoria que nos las componemos para no mirar a la muerte de frente. Encerramos a los enfermos y a los moribundos en habitaciones desnudas, llenas de aparatos, y sobre todo apartados de toda presencia humana. No queremos tener nada que ver con la muerte. No queremos meter a los muertos en ataúdes y enterrarlos. Queremos apartar a la muerte de nuestro camino y sencillamente olvidarla.

La interpretación fisiológica de la muerte, tal y como se admite hoy en Occidente, no nos permite entender esta obra que se ha hecho famosa bajo el título de *El libro tibetano de los muertos*. Sin embargo, empiezan a producirse algunas aperturas en Occidente que permiten alcanzar una mejor comprensión de la muerte. Querría citar aquí el libro del médico americano, Moody, sobre ciertos testimonios acerca de la muerte. Raymond A. Moody, en *Vida después de la vida* (editada en Madrid en 1977 por primera vez)[*], interroga a diferentes pacientes,

---

[*] *Vida después de la vida*, Editorial EDAF, 1977, 2019. (*N. del E.*) .

considerados como clínicamente muertos, al habérseles detenido el corazón durante varios minutos y no observarse en ellos actividad cerebral alguna.

Este médico reúne más de 150 testimonios que sorprenden por la semejanza de las experiencias y de las percepciones: el muerto oye al médico declarar su defunción. Acompañado por ruidosos zumbidos, le parece atravesar un túnel sombrío y encontrarse entonces fuera de su cuerpo, si bien tiene la impresión de tener un cuerpo liviano, inmaterial, desde el cual puede observar cuanto ocurre en torno a su cadáver. Seres inmateriales como él vienen a su encuentro, resplandecientes de amor y de armonía, en una deslumbrante luz sobrenatural. Vuelve a ver espontáneamente los actos de su vida; y pese a las advertencias del Amor y de la Paz que quieren retenerle, se siente impelido a reintegrarse a su cuerpo. Cierra esta experiencia de la muerte el sentimiento de no estar aún «maduro» para el más allá.

Estos testimonios de personas muy diversas procedentes de todas las capas de la sociedad americana del siglo XX, concuerdan de forma pasmosa con *El libro tibetano de los muertos*. Encontramos en él cada uno de los fundamentos expuestos. Para ilustrar el trasfondo religioso de *El libro tibetano de los muertos*, me gustaría invitar al lector a volver la vista hacia el pensamiento de nuestros antepasados, para ver como entendían ellos la muerte. La arqueología no puede ayudarnos a conocer lo que las culturas antiguas pensaban de la muerte. Los mitos, y cada relato que a ellos hace referencia, pueden aportarnos datos, como si transmitieran una historia sucedida en cierta época. Volveremos a encontrar estos mitos, en su verdad y en sus palabras, dentro de los eternos sueños de la humanidad. Estos sueños no son «pompas de jabón», como pretende hacernos creer un proverbio engañoso, sino que contienen la más profunda visión de nuestro ser. No en vano el psicoanálisis se vale de los sueños para curar el alma del hombre.

Todos los mitos de la humanidad consideran a la muerte como un acontecimiento excepcional, que no forma parte de lo natural. La muerte no es una necesidad inherente a la naturaleza. No puede comprenderse más que como una perversión, o inversión de la propia naturaleza del hombre. Así, algunos mitos comparan la llegada de la muerte a un acto de desobediencia: el hombre se niega a obedecer un mandamiento de Dios. Casi siempre es la curiosidad la que impulsa al hombre a infringir el mandamiento. Otros mitos ven la muerte como la consecuencia de un acto particularmente odioso, cometido por un ser demoníaco. Volvemos a encontrar tales mitos en los antiguos habitantes de Australia, de Asia Central, de Siberia y de América del Norte. Otros mitos consideran a la muerte más como un error de la creación: se abre por descuido la caja de Pandora, el mensajero que ha de anunciar a los hombres la inmortalidad se retrasa tanto que el segundo mensajero que ha de anunciar la muerte llega antes a los hombres. Estos mitos se encuentran preferentemente en África.

En *El libro tibetano de los muertos*, el Bardo-Thödol[2], la muerte interviene en primer lugar en razón de los actos de los que es responsable el moribundo. Se llama *Karma* a la suma de todos esos actos. Hablaremos más adelante de estos conceptos. Por el momento, recordemos que en el Bardo-Thödol aparece la muerte en función de nuestras propias acciones. La muerte sobreviene, pues, tan solo como consecuencia de la perversión y del desorden de los dioses, pero procede del error del individuo.

Más allá de esta primera argumentación, encontramos en el «núcleo» del Bardo-Thödol lo que enseñan los mitos; a saber, que el hombre, de hecho, está al amparo en el regazo luminoso de la divinidad, en donde participa de la verdad en sí, en función de su propia naturaleza espiritual. El Bardo-Thödol no dice que el hombre haya caído de su paraíso original por culpa de un acto mítico de desobediencia o de estupidez; por el contrario, desarrolla todo un proceso metafísico de pensamientos; a saber, que la naturaleza espiritual de luz del hombre consiste en algo inaprehensible, silencioso y luminoso, que se eleva en el corazón de cada uno cuando se apagan todos los pensamientos, todos los deseos, todas las ataduras con cualquier clase de objetos. Es el espíritu puro. Nuestro

---

[2] Tib Bar-do thos-grol.

texto lo llama «desnudo». Esta naturaleza espiritual de luz no es algo captable o presentable, no se experimenta de forma inmediata más que en lo más hondo de la meditación, tras un largo camino y desarrollo espiritual. Esta naturaleza espiritual de la luz es la propia naturaleza del ser humano. Por ella, el hombre en su esencia está unido a todos los Budas, uno con todos los seres. Se la llama naturaleza de Buda o germen de *Tathagata*[3].

El Paraíso, que los mitos sitúan al comienzo de la historia de la humanidad, se considera en el Bardo-Thödol como la cualidad primera del ser del hombre, como su fundamento ontológico. En los mitos, el hombre pierde el paraíso por su desobediencia y su estupidez. En nuestro texto, la naturaleza espiritual de luz se ensombrece y cae cuando el hombre, a causa de su insaciable necesidad de encuentro, se pone a errar por el mundo de los objetos y a desgarrar al ser indivisible entre el yo y el tú. De forma que estos objetos solo existen en la falsa representación del hombre, que, por último, se ve decepcionado en su espera puesto que esos objetos no son ni eternos ni siquiera duraderos. He aquí la fuente de todo sufrimiento, que corresponde a la expulsión del paraíso en los mitos. El sufrimiento no es algo que venga del exterior y se apodere del hombre. Consiste en esa insaciabilidad del hombre que le une al mundo de los

---

[3] Véase. D. S. Ruegg, *La Théorie du Tathāgatagarbha et du Gotra*. París 1969, pp. 245-393.

objetos, en esa espera que jamás podrá satisfacerse. En el Bardo-Thödol, el espíritu del hombre es el pivote de la reconquista del Paraíso.

En primer lugar, consideremos como interviene en los mitos la reconquista del Paraíso. Sucede, exactamente, en sentido contrario a la pérdida del Paraíso; si la desobediencia ha provocado su pérdida, la obediencia permite volverlo a encontrar. La pérdida del Paraíso ha dado lugar a la separación del cielo y de la tierra, y el chamán, con ayuda de una cuerda espiritual del árbol del mundo, o con ayuda de una escalera del cielo, vuelve a subir al paraíso, el mundo de los antepasados[4].

Evidentemente, no todos pueden regresar al mundo del Paraíso, pues el camino solo les está abierto a los maestros espirituales y a los héroes. Como los antepasados, que moraban en el Paraíso antes de la caída, se encuentran aún en él, ese lugar es el de los antepasados por excelencia. Por tanto, solo penetra en el que pasa por la experiencia de una transformación total, a través de la muerte o a través de los estados comparables al éxtasis y a la meditación. Al morir, el antiguo ario de la India, gracias a los cantos védicos, asciende hacia el mundo luminoso de la luna en donde lo acogen sus antepasados

---

[4] E. G. Parrinder, *God in African Mythology*, en: Myths and Symbols, Studies in Honor of Mircea Eliade, ed. J.M. Kitagawa y Ch. H. Long, Chicago 2.ª ed., 1971, p. 117.

en la inmutabilidad eterna[5]. Aquí los mitos indican hasta qué punto la hora de la muerte está cargada de significado profundo. Solo ella puede operar la metamorfosis del hombre, solo ella lo devuelve a su paraíso original.

El Bardo-Thödol tiene en común con los mitos esa convicción de que la hora de la muerte es, de toda la vida, el instante incomparable. Nuestro texto no cree ya que la reconquista del Paraíso original sea posible gracias a cánticos rituales, sino gracias a la visión de las relaciones esenciales del mundo, al desvelarse el auténtico carácter del espíritu humano.

Por último, echemos un vistazo a uno de los atributos de ese Paraíso recuperado: está lleno de luz resplandeciente, irradia, brilla, deslumbra. En el mismo instante en que la naturaleza espiritual del ser humano se ve inundada por esa luz, se convierte a su vez en esa luz. Esta concepción está muy extendida entre los gnósticos, los maniqueos, en la antigua India, en el sureste influido por ella, y en el Asia central. Así mismo, encontramos entre los taoístas algunos documentos, e incluso en América del Sur, entre las tribus *indígenas*. Los mitos llaman a ese Paraíso original «Luna» o «Sol». A veces ese Paraíso se sitúa también del otro lado de este mundo terrestre, en una zona de luz supraterrestre.

---

[5] H. von Glasenapp, *Der Hinduismus.* Munich, 1922, p. 49; Heinrich Zimmer, *Attindisches Leben*, Hildesheim, 1973 (Repr.), p. 410.

Nos encontramos al Paraíso representado por la luz, no solo en los mitos, sino también en los escritos místicos de diversas culturas. Nos refieren la experiencia de una luz que aparece espontáneamente. Conocemos numerosos testimonios según los cuales el rostro de algunos hombres se ilumina en ciertas ocasiones. Las máscaras de oro colocadas sobre el rostro de los cadáveres en Micenas, por ejemplo, debían representar esa luz de la cara, puesto que el muerto, al alcanzar el reino de la luz, se ha convertido en eterno resplandor de la luz.

En el Bardo-Thödol, desde las primeras páginas, encontramos esta luz, la luz fundamental (*Chii eussel*)[6] que es la realidad misma de la naturaleza espiritual. La naturaleza espiritual es parte integrante tanto del Buda como de la luz. Por eso aparecen los Budas en los colores espectrales del arcoíris, de forma «que no son dos», como se dice en nuestro texto. Esta representación del espíritu de luz se encuentra ya en los textos del Palikanon, por ejemplo en *Aguttara-Nikaya*[7], en donde se llama «luminoso» al pensamiento. De este modo se repite siempre que el pensamiento purificado de toda ceguera es comparable al oro puro. En los sutras del Mahayana se desarrolla más esta idea: en los *Lankavatara sutras*[8], todos los seres estableci-

---

[6] Tib. gzhi'iod-gsal.

[7] Anguttara-Nikäya, I, 6.

[8] *The Lankavatara-Sutra*, traducción de Daisetz Teitaro Suzuki, Londres 1966 (Repr.), p. 68 y ss.

dos en la naturaleza del Buda se definen por la luz. En los *Prajnaparamita*[9], encontramos algunos párrafos en los que el no-pensamiento es luz. De ahí se abre directamente el camino que conduce a las representaciones que encontramos en nuestro texto; a saber, que el espíritu, cuando mora en sí mismo, ve la luz fundamental. Hablar de toda esta concepción de la luz nos llevaría aquí demasiado lejos. Se trataba solo de indicar que esta concepción fundamental del Bardo-Thödol no debe vincularse necesariamente con otras tradiciones espirituales externas al budismo.

El texto de *El libro tibetano de los muertos* está en el trasfondo, tejido con mitos hindúes, y por ello nos transmite una serie de representaciones religiosas míticas muy importantes. Los mitos de este país tienen su paralelismo en casi todas las tradiciones culturales, de tal manera que este *Libro de los muertos* se asienta sobre la sólida base de una visión mítica universal. Sin embargo, hay que insistir sobre el hecho de que esos mitos no son historias más o menos incomprensibles, sino la visión que el hombre tiene de sí mismo, tal y como la ha entendido a lo largo de muchos milenios.

La metáfora mítica más sorprendente del Bardo-Thödol es sin duda el «tribunal de la muerte»: Yama,

---

[9] E. Conze. *Prajnaparamita-Literature*. La Haya 1960, p. 9 ss. Ver, asimismo, las numerosas indicaciones de D. S. Ruegg, en, *La Théorie du Tathāgatagarbha et du Gotra*, París, 1969, p. 411 y ss.; ver, asimismo, la nota, 3.

el dios de la muerte, preside el tribunal por encima de los muertos. Dos genios, que son las dos partes del alma del muerto, presentan, en forma de guijarros blancos o negros, las acciones del muerto. Y para reconocer el verdadero carácter del muerto, el dios consulta un espejo.

En estas escenas de tribunal de la muerte aparecen las experiencias humanas que habían engendrado el miedo y la angustia. Numerosas culturas antiguas nos presentan al mundo de los dioses y de los espíritus construido en las mismas proporciones que los del mundo terrestre. En la India, el *Maitrayani Upanishad,* en el *Libro de las leyes* de Manu, habla del tribunal de la muerte, como en Occidente lo hace la *Odisea,* y, en última instancia, la literatura escatológica judeo-cristiana[10]. Esta escena del tribunal ofrece cierto parecido con *El libro egipcio de los muertos,* que tiene, sin embargo, una finalidad distinta[11]. Si se compara esta escena del tribunal del Bardo-Thödol con las demás escenas de esta misma obra, se comprueba que no está construida sistemáticamente y que no se halla plenamente desarrollada, sino que solo se indica brevemente, a modo de ejemplo, al igual que los criados cojos, la niebla, el alarido y los símbolos del miedo existencial del muerto. Como nos muestra Poucha en

---

[10] Vgl. P. Poucha, *Le livre des Morts tibétain dans le cadre de la littérature schatologique,* en Archiv Oreintalni, 1952, p. 144 ss.

[11] E.A. Wallis Budge, *The Book of the Dead,* 2 vol., Londres, 1913.

su relato, se aplican diferentes símbolos para describir el estado *post mortem.*

El libro tibetano de los muertos se vale de estas representaciones míticas fundamentales. El Bardo-Thödol utiliza unas imágenes míticas del dios de la muerte como juez, o las visiones de los estados infernales, por ejemplo, para ayudar al hombre a acercarse lo más posible a su realidad: reconoce todas tus percepciones, que crees ser objetos reales, como apariciones de tu propia realidad espiritual. Los hombres a los que se dirigía en un principio el Bardo-Thödol pensaban y vivían según esas imágenes míticas, aplicadas en esa enseñanza a la que recurre el hombre como a su verdad misma, en el momento de morir. Debemos guardarnos de creer que *El libro de los muertos* sea un mito por el hecho de que contenga imágenes y representaciones míticas. Pero ¿qué puede ser entonces *El libro de los muertos?* Antes de tratar de responder a esta pregunta, me gustaría despejar otra «raíz» que da a *El libro tibetano de los muertos* la dimensión de sus ideas filosóficas y religiosas.

El Bardo-Thödol y su mundo espiritual

El concepto de existencia en el budismo

En los *Pali-sutras* están recogidas las conversaciones[12] en que el Buda Sakyamuni, que fue en nuestro mundo el

---

[12] Z. B. Majhima-Nikaya, núms. 28 y 109; y Samyutta-Nikāya, 22.

Buda, pregunta a sus discípulos cómo se creó el mundo vivo que es el campo de experiencia de los sentidos del ser humano. El mundo de los sentidos se divide entonces en cinco constituyentes o agregados[13]:

—forma;
—sensación;
—percepción-concepción;
—impulsiones;
—conciencia.

Pregunta entonces el Buda a sus monjes:

—¿Qué pensáis, monjes, la forma es eterna o perecedera?
— Perecedera, ¡oh Señor!
—¿Qué es entonces lo perecedero, el sufrimiento o la alegría?
—El sufrimiento, ¡oh Señor!
—Lo que es entonces perecedero, lleno de sufrimiento y sometido a transformación, ¿puede deducirse que es propio de mí, de mi propio ser?
—¡No, Señor!

Estas preguntas y respuestas se aplican igualmente a los otros cuatro agregados, según sus características. Así se describe el conjunto de la experiencia sensorial como perecedero, y de esta forma no alcanza ninguna realidad sustancial independiente o imperecedera.

---

[13] Sánscrito, «skandha»; tibetano, «phung-po».

Los filósofos budistas han tratado de captar siempre con mayor intensidad el fenómeno de esa impermanencia general. Han llegado al fin a la concepción de que no solo los objetos tienen todos visiblemente un final, sino que no subsisten ni un instante en su identidad. La imagen del objeto que nos aparece, y que no subsiste más que unos días o unos años, se presenta como una película: en unidades de tiempo ínfimas, el objeto transforma su existencia fugitiva. A velocidad vertiginosa, impensable, en que a una fase de existencia le sucede otra, interviene en cada momento una ligera transformación visible. Esta enseñanza se transmitió principalmente en la escuela de los Savastivadins, que se desarrolló, en todo el norte de la India, en los primeros siglos de nuestra era[14].

Si la existencia de cada objeto se disuelve así en una sucesión de innumerables fases, cabe preguntarse lo que le ocurre al muerto cuya impermanencia es evidente para todos. Como todos los sistemas de pensamiento, en número apabullante en la India, el budismo admite desde siempre que la vida no se limita a un nacimiento. Los deseos engendrados por las distintas acciones tienden a una descarga, como partículas de energía; es decir, a una nueva objetivación, a una materialización, al renacimiento, por lo que la existencia humana es como una concatenación de fases que llevan de la muerte a un

---

[14] E. Frauwallner, *Die Philosophie des Buddhismus*, Berlín, 3.ª ed., 1969, p. 64 y ss

nuevo nacimiento. Este fue el tema del *Abhidharmakosa*[15], la famosa obra de Vasabandhu (siglos IV-V d. de C.).

Se dice en el tercer capítulo: «Si se describen los agregados solamente con sus nombres, es que no se niega su existencia. Pero ¿hay que aceptar entonces que los agregados pasan de este mundo al otro? Los agregados desaparecen en cada instante. Por eso mismo no son capaces de moverse.

»Sin embargo, llegan a la matriz a través de la corriente de los estados intermedios[16], influidos por el peso de los actos pasados. Al igual que para la luz, aunque desaparezca en cada instante, la corriente es ese instante capaz de ir a otro lugar. Los agregados se comportan de igual manera. Por eso no se puede hablar de migración. Está, pues, demostrado, aunque no exista en sí, que la corriente de agregados, bajo la influencia de las acciones realizadas a ciegas, vuelve a entrar en la matriz[17]».

Esto no es más que una breve cita de toda la argumentación que se prolonga a lo largo de muchas páginas. Vasubandhu trata de demostrar la afirmación de la existencia de un estado intermedio con citas de los sutras. En diversas ocasiones, los sutras hablan de un *Arhat* que,

---

[15] Traducción de La Vallée Poussin, *L'Abhidharmakósa de Vasubandhu*. Mélanges chinois et bouddhiques. Vol.XVI, Bruselas, 1971.

[16] Sánscrito, «antarābhava»; tibetano «bar-do».

[17] Ver E. Frauwallner, *op. cit.*, p. 78.

después de la muerte, pasa del último estado intermedio al nirvana[18]. Vasubandhu y las escuelas filosóficas búdicas, nacidas de su argumentación, ven en esto la afirmación de un estado intermedio del que se benefician en principio todos los seres vivos después de su muerte. Ha existido igualmente toda una serie de escuelas que se han negado a establecer semejante conclusión partiendo de los párrafos de esos sutras en cuestión. Son, por ejemplo, los Theravadin, los Mahasamghikas, los Lokottaravadin, por citar solo a los más famosos.

El concepto de estado intermedio aparece igualmente en otros textos dedicados al Mahayana, por ejemplo en el *Bodhisattva bhumi*[19], compuesto poco antes del *Abhidharmakosa*. Se dice muy claramente: «Los muertos entran en el estado intermedio». En la obra *Vijnaptimatratasiddhi*[20], el estado intermedio es un dato de la realidad. Solo se discute en él el paso de los agregados del estado de existencia al estado intermedio, particularmente en el caso de un nuevo nacimiento.

El budismo considera, pues, la existencia humana como la liberación de una serie ininterrumpida de breves fases inapreciables y sometidas a los cinco agrega-

---

[18] Samyutta-Nikaya, 37-20. Digha-Nikāya, III, 237.

[19] Editado por Nalinaksha Dutt, *Bodhisattvabhūmi*. Patna, 1966, p. 269.

[20] *La Siddhi de Hinan-tsang*. Trad. y anotado por L. de la Vallée Poussin. París, 1928, tomo I, pp. 191, 200, 358, 401.

dos de la existencia. Estos cinco agregados componen el conjunto de la naturaleza corporal y espiritual de cada existencia individual. Pero de ninguna manera hay que considerar a esos constituyentes o agregados como objetos captables. Son más bien unas categorías que permiten al pensamiento captar mejor las fases de la existencia. Y como esas categorías quedan liberadas con la muerte de su dependencia recíproca, se podría cometer el error de creer que se interrumpen en su duración. Pero en realidad solo se interrumpen las fases del agregado de la forma, al menos en el caso de la materia grosera. Al instante sobrevienen unas fases más sutiles que pertenecen igualmente al agregado de forma. El Bardo-Thödol habla de la forma de un cántaro o de un cuerpo espiritual[21] que posee el muerto.

Y puesto que los otros cuatro agregados de sensación, percepción-concepción, impulsiones y conciencia pertenecen todos ellos al mundo espiritual, su continuidad después de la muerte, en la fase intermedia, no plantea ningún problema. La existencia individual, ya está viva, muerta en el estado intermedio, o renacida, se halla constituida precisamente por las fases de esos cinco agregados. La concepción de un yo eterno como núcleo invariable de la personalidad no tiene cabida en esta representación de la existencia humana. No es este

---

[21] Tibetano, «sgyu-lus, yi-lus».

el momento de explicar la enseñanza de la vacuidad. Se trataba sencillamente de precisar que esta afirmación de *El libro tibetano de los muertos* se basa en el principio esencial de la filosofía búdica.

La doctrina del Karma

Repite incansablemente el Bardo-Thödol que los actos del hombre, cometidos durante su vida, físicamente, con palabras o de pensamiento, determinan su destino en el estado intermedio después de la muerte y la posibilidad de un nuevo nacimiento. Todos los sistemas filosóficos hindúes afirman unánimemente que los actos no solo tienen una consecuencia inmediata, sino que su «potencialidad latente» se manifiesta ulteriormente en circunstancias apropiadas en las que cada situación es el resultado de su propia causa. Este encadenamiento causal recibe el nombre de karma. Como tal, la doctrina del karma está comúnmente reconocida en la India por todos los sistemas búdicos.

Una lectura superficial del Bardo-Thödol podría hacer creer que la enseñanza de la «potencialidad latente» de las acciones pasadas —el texto llama «inclinación» a esa potencialidad— comporta su propia contradicción. Efectivamente, el texto, al final de cada párrafo, repite que cada cual puede liberarse del karma. Pero también se añade una observación que hace que esta afirmación sea muy relativa: puede ocurrir que la irradiación de las acciones pasadas no sea suficiente y que el muerto tenga entonces que errar durante más tiempo en el estado intermedio. Por tanto, el muerto no puede liberarse del estado intermedio más que cuando la potencialidad latente de sus acciones pasadas se ha revelado claramente y le permite la necesaria visión espiritual para reconocer todas las apariciones como emanadores de su propia naturaleza espiritual. Por el contrario, si sus acciones pasadas han reforzado en él la tendencia a la ceguera, es decir, la envidia, el odio y la ignorancia, todas las apariciones no engendrarán en él sino miedo y angustia, y le resultará imposible llegar a la visión penetrante*.

La enseñanza del Bardo-Thödol no es, pues, contradictoria en cuanto a la doctrina del karma. Este texto

---

* Lhag mthon vipassiana está incluida en la perfección de la sabiduría.

Sabiduría, prudencia; en *sánscrito, prajnâ paramita*: sabiduría que ha ido más allá.

Sabiduría, en tibetano, *çes-rab gyi phar rol tou Phuiû Pa*: conocimiento que penetra o realiza el significado excelente o último. La Verdad es la vacuidad.

En cuanto a la naturaleza propiamente dicha de la sabiduría, es lo que examina y analiza. En fin, todo lo que en nuestra corriente de conciencia tiene como función analizar, distinguir o examinar.

Vipassania lhag-mtohn es un análisis discriminante correcto del objeto. Traducido por Einsehit al alemán, suele traducirse al francés por «visión profunda» o «visión superior» (*Lhag*), o «visión notable) o «visión penetrante», que es la expresión que mejor corresponde al *Einsicht* de Govinda. *Einsicht*: literalmente, «visión hacia el interior».

Por otra parte, la noción de vista corresponde mejor al «estado» de Buda que «visión», demasiado cargado de un significado de actividad o de pasividad. La visión penetrante procede del ojo interno. (*N. del T.*).

quiere simplemente demostrar claramente que cada karma puede neutralizarse en sus efectos por la potencia de la visión penetrante.

El acto, como causa de la multiplicidad de los fenómenos, no se toma aquí en el sentido de un simple acto desnudo, sino que se toma en consideración la intención que yace en cada acto y que lo engendra. En cada acto están incluidos una voluntad, un deseo, un «querer entrar en acción» que lo preceden; y esa intención, precisamente, contiene la potencialidad que empuja al acto a manifestarse nuevamente.

A lo largo del tiempo, la doctrina del karma se ha ido desarrollando en un sistema que engloba todos los aspectos del cálculo de la actividad humana. Tomemos como modelo de pensamiento un paralelogramo de fuerzas, pluridimensional; nos enseña claramente que el resultado del karma no es una suma de fuerzas, sino la oposición de fuerzas diferentes que, según sus componentes, dan un resultado que contiene en sí mismo un nuevo equilibrio de fuerzas, en una nueva dirección.

Cuando al muerto lo sobrecoge el miedo y la angustia ante la naturaleza de las apariciones del estado intermedio, determina la potencialidad de un nuevo karma que le impulsará a nacer de nuevo. Pero si reconoce que todas esas apariciones no son sino la emanación de su propia naturaleza espiritual, su visión penetrante quedará libre de toda intención, y al no tener ninguna falsa energía que tenga que descargar en una acción, un instante después de la muerte, como tiene una clarividencia extrema, podrá alcanzar la liberación esencial: liberación del sufrimiento samsara; es decir, del ciclo de las existencias, liberación de las ilusiones. Y de hecho, se habrá convertido en Buda.

La única obligación del lama consiste en recordarle al moribundo, al muerto, las enseñanzas que ha oído en vida y las experiencias que ha tenido. El lama cumple la función de advertidor. No es ni curandero, ni mago, ni Salvador: el moribundo, el muerto, llega él solo a la visión penetrante. Sin embargo, el lama sostiene los pensamientos del muerto, como el apuntador en un teatro, diciéndole al muerto que apariciones surgen ante él y cómo debe entenderlas. Es evidente que todas las advertencias del lama son vanas e inútiles si el muerto, en vida, no se preparó a depositar su confianza en los temas del Bardo-Thödol. El texto repite incansablemente que importa estudiar en vida, «impregnarse» y ejercitarse en las meditaciones que han de ayudar al muerto a alcanzar esa visión penetrante, a abrir ese ojo interno: la transferencia de la conciencia.

La transmisión literaria del Bardo-Thödol en el Tíbet

Hay que distinguir tres aspectos de la transmisión de la literatura religiosa:

1. La obra literaria tal y como se presenta a nosotros.
2. La transmisión de las ideas y de las representaciones religiosas que forman el contenido de la obra.
3. La realización de las ideas y de las enseñanzas transmitidas por medio de la obra.

Como en el caso de la mayoría de las obras literarias de Asia, las ideas del Bardo-Thödol proceden de una época muy anterior a la fecha en que aparecieron en su forma literaria; es decir, que varios siglos antes de la época del texto más antiguo que podemos fechar, un sistema de enseñanza oral transmitía todos los puntos esenciales del Bardo-Thödol. Verdad es que esta afirmación no es científicamente demostrable; pero obedece a una tradición local que por otra parte encontramos generalmente aplicada a todas las obras hindúes y búdicas. A modo de aclaración, cuanto podemos decir es que los antiguos manuscritos del Bardo-Thödol se remontan al siglo XIV. Hasta esta época, disponemos para analizar el Bardo-Thödol de medios de investigación adaptados de los métodos europeos de literatura comparada. Pero para penetrar en la historia más antigua de la obra hay que recurrir a la tradición local según la cual el Bardo-Thödol es un *gterma*-texto[22], literalmente, un *texto-tesoro*. Estos textos-tesoro indican en su colofón que tal maestro del

---

22 Tibetano, «gter-ma».

budismo tibetano encontró ese texto, tal día de tal mes de tal año, en una cueva, en la grieta de una roca o en las paredes de un viejo templo. El que descubre un texto-tesoro recibe el nombre de *Tertön*[23], que significa literalmente «revelador de tesoros». Y según la tradición local, ese descubridor no es el autor del texto que se remonta a Padmasambhava y a sus innumerables discípulos. En Occidente, estas afirmaciones se ponen en duda y se supone que el descubridor es el propio autor, de forma que estos textos, que se dice han sido descubiertos, se consideran evidentemente como falsificaciones.

Un riguroso estudio de esos textos-tesoro[24], y de la literatura tibetana que les concierne, ha demostrado que no está justificado el juicio sin apelación de los occidentales y que hay que entender la tradición local de forma específica y no al pie de la letra. Existe un número incalculable de textos-tesoro. Hasta hoy, Occidente solo conoce la obra de Rintschen terzö[25] que contiene miles de tratados reunidos en treinta y seis voluminosos tomos. Asimismo, existen otros textos-tesoro, como el *Mani Kambum*[26]. Sin embargo, sabemos

---

[23] Tibetano, «gter-ston».

[24] Eva Neumaier, *Einige Aspekte der gter-ma Literatur*, en ZDMG, suppl. I. Wiesbaden, 1969. III parte, pp. 849-862.

[25] Rin-chen-gter-mdzod.

[26] Mani-bka'-bum.

que existía en el Tíbet un número infinitamente mayor de esos textos-tesoro. Casi todos trataban esencialmente de temas religiosos; apenas si se relataban los hechos históricos. Esos textos-tesoro se repartían, por una parte, en textos manuscritos hallados en su escondite, por otra, en fragmentos de manuscritos acompañados de comentarios del descubridor, y por último, en textos varias veces ocultados y varias veces hallados. Estas indicaciones proceden de los colofones de los textos-tesoro. Los comentarios no se añadían arbitrariamente al texto, sino que se escribían bajo el dictado de una inspiración religiosa; es decir, que el descubridor se ponía a meditar intensamente el tema del manuscrito descubierto, visualizando una divinidad particular. Tras largos esfuerzos, tenía una visión en la que la divinidad le hablaba y le explicaba el texto. Transcribía entonces aquellas aclaraciones, que luego aprobaba la tradición y consideraba en cierto modo como parte auténtica de lo escrito. También podía aparecer un maestro de aquella enseñanza que dictaba un texto, sin que se hubiera encontrado previamente ningún manuscrito en ningún escondite. El contenido espiritual de semejante revelación es la verbalización de la visión. Manifiesta la sabiduría revelada en la visión. Esta revelación se convierte en la obra, en el texto-tesoro, y procede una vez más de una transmisión religiosa idéntica, sin que por ello esta sea invención del descubridor. No se trata, pues, de un autor en el sentido habitual del término, ya que no considera el texto como obra suya, si bien en sentido histórico no es posible atribuirla a otra mano.

Se plantea la cuestión de saber por qué y cómo se ha hecho este fenómeno tan característico en la transmisión literaria de las antiguas escuelas de los *Nyingmapa*[27]. A tal efecto, echemos una rápida ojeada a los comienzos del budismo en el Tíbet[28]. Ya en los primeros siglos después del nacimiento de Cristo, comprobamos una serie de acercamientos superficiales entre elementos de la religión búdica y de la cultura tibetana; y hasta el siglo VIII no aparecen de hecho los primeros intentos misioneros de resultados duraderos. De todos los países vecinos, monjes y sabios búdicos acudieron al Tíbet en el siglo VIII. Los misioneros hindúes y chinos fueron los más destacados. Estos sabios, que pretendían transmitir la enseñanza ética y filosófica del budismo, apenas si encontraron eco en aquel pueblo del Tíbet cuyo único interés consistía en querer apaciguar los espíritus e innumerables demonios que habitaban en el suelo, en las rocas, en los árboles, en los lagos y en el aire. La construcción del primer convento en el Tíbet, Samye *(b sam-yas),* suscitó dificultades infranqueables. Siguiendo los consejos de uno de esos maestros filosóficos, el rey del Tíbet invitó a su país a Padmasambhava.

---

[27] rNyjng-ma-pa.

[28] G. Tucci, en Tucci-Heissig, *Die Religionen Tibets und der Mongolei.* Berlín 1970, p. 17 y ss., y E. Dargyay, *The Rise of Esoteric Buddhism in Tibet.* Delhi, 1977, p. 4 y ss.

La persona de Padmasambhava es un fenómeno religioso muy complejo que no puede entenderse según las normas históricas occidentales. La influencia de su personalidad religiosa no es comparable a la de un rey que declara las guerras, erige monumentos y deja tras sí inscripciones. La acción de una personalidad religiosa, de un maestro espiritual, no atañe más que a su existencia espiritual. No hay, pues, por qué preguntarse si Padmasambhava es una realidad histórica. Lo que importa es la experiencia espiritual transmitida por Padmasambhava.

Retornemos aquí por unos momentos al ambiente espiritual del que procedía Padmasambhava. Su vida, transmitida por diferentes relatos, no es un documento histórico que hable de sus viajes, de sus encuentros, de sus palabras; es el testimonio de una experiencia religiosa en la cual todo discípulo fiel de Padmasambhava ha de hallar la grandeza y la profundidad de la acción espiritual de su maestro. La realidad llamada en Occidente inmanencia histórica y terrestre no puede aplicarse aquí, puesto que la doctrina se dirige a la realidad espiritual del hombre. Esta doctrina no se percibe con el ojo del cuerpo físico, no se desvela más que en las visiones y en los estados de éxtasis del yogui. De la vida terrestre y de las acciones de Padmasambhava, solo sabemos que dirigió la construcción del primer convento tibetano. Poco después de terminarse esta construcción (hacia el 775 d. de C.) estalló una violenta lucha que opuso a los discípulos de los maestros chinos y a los discípulos de los maestros indios. Ambos grupos se enfrentaron en una memorable disputa en la que los dos tuvieron que demostrar con argumentaciones cuál era más fiel a la enseñanza del Buda. Los documentos históricos y los acontecimientos consiguientes no dejaron dudas respecto al vencedor en la disputa. Los monjes chinos, ferozmente perseguidos, fueron expulsados del país. Al igual que hicieran los indios, habían traducido al tibetano los textos búdicos que trajeran con ellos; y los discípulos tibetanos de esos monjes chinos habían empezado a reunir esos nuevos textos. Era imposible huir con todas aquellas obras. Para protegerlas de la destrucción, las escondieron en cuevas, fallas de rocas, templos u otros lugares adecuados. La enseñanza de Padmasambhava llevada al Tíbet tenía profundos vínculos con el budismo chino. Srisimha, uno de los más importantes maestros de la enseñanza de los *Dzogchen*[29], había nacido en China. Los maestros Dzogchen fueron llamados al Tíbet por mediación de los maestros indios. Cuando se persiguió todo lo que fuera chino, los maestros indios se vieron obligados a hacer desaparecer todas las obras que procedían de maestros chinos. Estas obras sobrevivieron en sus escondites y se convirtieron en esos textos-tesoro.

---

[29] Tibetano, «rDzogs-chen», gran perfección.

No se encontraron hasta tres o cuatro siglos más tarde; a saber, en los siglos XI y XII. Traducidas, esclarecidas y comentadas en tibetano, estas enseñanzas quedaron enmarcadas dentro de la doctrina búdica que se había perpetuado. Mientras tanto, el clima espiritual había cambiado por completo en el Tíbet. La lucha con los monjes chinos se había olvidado desde hacía mucho, había adquirido gran importancia el interés por las enseñanzas místicas, convirtiéndose en la tradición propia del Tíbet. Se considera la época del siglo VII al IX como la más brillante de la espiritualidad búdica tibetana.

Recordemos aún e insistamos en que los textos-tesoro son el fruto de experiencias puramente espirituales y que escapan por completo al análisis de los métodos positivos. En el budismo, la doctrina religiosa se transmite esencialmente por los maestros. Este contacto humano inmediato es de gran importancia. La palabra escrita no tiene más función que la de ayuda y sostén de la memoria. Los textos se dirigen principalmente a auditores y no a lectores. El que recita *El libro de los muertos* exhorta una y otra vez al moribundo; «Escucha con toda atención». *Si falta el vínculo personal con la tradición, es decir, con el maestro, resulta imposible comprender el texto.*

Tras un período de desarrollo de tres siglos (del VII al IX), el budismo fue duramente perseguido por un usurpador, el último rey de la dinastía de los Yar-Lung, y los maestros tuvieron que huir del Tíbet y esconder sus textos. Pero no se rompió la cadena de transmisión de las enseñanzas. La argumentación es la siguiente: las enseñanzas lo son de una sabiduría que procede del ser perfectamente realizado, no dependen, en última instancia, de una transmisión de orden humano. Si se consideran las cosas de forma superficial, esos textos pueden quedar olvidados en el fondo de una cueva, pero en realidad las enseñanzas que encierran vuelven al seno mismo del ser purificado que participa más en la sabiduría fundamental. Los textos hablan de los *Dakinis* y de los Guardianes de la Ley que se transmitían la custodia del texto, hasta que apareciese entre los hombres un nuevo maestro capaz de recibirlo, que será el descubridor del texto. Ese hombre percibe por medio de una visión el contenido del texto y a veces encuentra milagrosamente el escondite. En sueños, los Dakinis le revelan el sentido oculto de esas palabras difíciles. Estas inspiraciones le permiten componer el texto, que procede, en su mayor parte, de una transmisión religiosa viva.

No hay que tomar al pie de la letra todos los detalles del descubrimiento de esos textos-tesoro, en un sentido profano. Hay que considerarlos como signos y símbolos que, bajo esta forma hermética, nos transmiten el núcleo de esa experiencia espiritual y de esa inspiración.

El libro tibetano de los muertos es uno de esos textos-tesoro. Habría que llamarlo más exactamente el *Bardo-Thödol*. El colofón de este libro nos indica que

Karmalingpa[30] descubrió la obra en el monte Gompodar[31].

En la obra tibetana *La cadena preciosa de lapislázuli, una breve historia sobre la aparición de los textos-tesoro, de sus descubridores y de los sidhas*[32], contenida en el primer tomo de la obra completa de Rintschen terzö, se nos cuenta la historia de Karmalingpa.

«El descubridor Karmalingpa era una encarnación de Lügjeltsän[33], el traductor del *Tschoro*[34], primogénito de Mahasiddha Mjidasanggje[35]. Nació durante el 6.º ciclo sexagesimal (1326-1386) en Kjerdub[36], en el alto país de Dagpo[37]. Llevó la vida de un tantrista, mostrando infatigablemente todas las cualidades espirituales e intelectuales de un clarividente. A la edad de quince años, realiza una profecía, tomando del monte Gompodar[38], que se parece a un dios de la danza, el *Tratado de la*

---

[30] Karma-gling-pa.

[31] SGom-po gdar.

[32] Zab-mo'i gter dang gter-ston grub-thob ji-ltar-byon-pa'i lo-rgyus mdorbsdus bkodpa rinchen-bai-du-rya'i-phreng.

[33] Klu'i-rgyal-mtshan.

[34] Cog-ro.

[35] Nyi-zla-sangs-rgyas.

[36] Khyer-grub.

[37] Dvags-po.

[38] Zhi-khro dgongs-pa-rang-grol.

liberación espontánea por la devoción a las divinidades[39]
pacíficas e iracundas de la Orden del Loto que pertenecen[40]
*al Señor de Compasión. El ciclo de la Orden del Loto de
los pacíficos e iracundos* estaba destinado a sus catorce
discípulos principales. Karmalingpa les dio autorización
para que lo transmitieran y lo enseñaran. El *Tratado de
la liberación espontánea por la devoción a las divinidades
pacíficas e iracundas* le fue transmitido a su hijo Njidats-
chödsche[41]. Le instaba a que no confiara aquel ciclo más
que a una sola persona, y así durante tres generaciones.
Como Karmalingpa no encontró compañera espiritual
y no se realizaron los buenos presagios, no quedó largo
tiempo en vida, y desapareció en otro mundo».

Añade el texto que esta enseñanza se extendió particularmente en el Amdo, al este del Tíbet. Por sucintas
que sean estas informaciones, nos son de utilidad. Se
considera a Karmalingpa encarnación de Lügjeltsän, el
traductor del *Tschoro*[42]. Ese traductor vivía en la época
de la primera propagación del budismo en el Tíbet (hacia
los siglos VII-IX). Hizo, entre otras, la traducción del *Arya-
amitabha —Vyuha-nama-mahayana-sutra*[43]. Este sutra es

---

[39] Thugs-rje-chen-po-padma-zhi-khro.

[40] sGam-po-gdar: sGom-po-gdar.

[41] Nyi-zla-chos-rje.

[42] Klu'i-rgyal-mtshan, deCog-ro.

[43] En: *Tibetan Tripitaka Peking Edition*, ed. D. T. Susuki, Tokio-Kioto, 1956, vol. 22, n° 760.5.

el texto fundamental de la meditación Amitabha en el Tíbet, ya que, en la rama búdica del «país puro», Amitabha es igualmente el gran Salvador del estado intermedio, con visión penetrante exacta, que le permitirá alcanzar la liberación. La oración de Sukhavati está directamente vinculada con la visión de Amitabha y con el Bardo-Thödol. Estas enseñanzas y esta obra literaria tienen el mismo contenido y apelan a la misma práctica religiosa. También puede deducirse que las enseñanzas del Bardo-Thödol tienen una relación con el traductor del *Tschoro*. A ese traductor lo envió a la India el rey Thisong de-Tsän[44] para invitar a Vima-Lamitra, uno de los grandes maestros Dsogtschen que vino al Tíbet[45]. Es probable que con el Sukhavati-Sutra tradujera otros textos que encontraron más tarde su punto de cristalización en el Bardo-Thödol. Desgraciadamente, resulta imposible establecer si el texto encontrado por Karmalingpa en el monte Gampodar se presentaba bajo la misma forma en que lo tenemos hoy con el Bardo-Thödol. Según la tradición local, Padmasambhava sería el autor de esa enseñanza.

Karmalingpa rehabilitó el *Libro de los muertos* en la vida espiritual tibetana del siglo XVI. Ese texto lo adoptaron igualmente las demás corrientes del budismo tibetano. Karmalingpa pertenecía a la escuela de los

---

[44] Khri-srong-lde-btsan (676-704 a. de C.).

[45] E. Dargyay, *The Rise of Esoteric Buddhism in Tibet*, Delhi, 1977, p. 57.

Antiguos[46], que perpetúan hoy la tradición y su enseñanza. La escuela Kagjupa[47], la de los Gelugpa[48] y la de los Bönpo[49] poseen cada una su propia versión del texto. Mientras esas diferentes versiones no estén a disposición del público para poder compararlas, resultará imposible establecer un análisis definitivo.

Recojamos los tres puntos definidos al comienzo de este capítulo como criterio del análisis de una obra religiosa:

1) La transmisión del Bardo-Thödol, bajo su forma actual, se remonta al siglo XIV.

2) Las ideas de esta obra aparecen ya en el *Abhidharmakosa* y en el *Boddhisattvabhumi*, obras de los siglos IV y V.

3) Las representaciones del Bardo-Thödol y sus instrucciones para la vida espiritual parecen estrechamente vinculadas con las oraciones de Sukhavati y con la veneración de Amitabha. Parece probable que la práctica del Bardo-Thödol fuera introducida en el Tíbet con el Sutra de Sukhavati, por un grupo místico búdico del que formaba parte Vimalamitra y Tschoro Lügjeltsan.

---

[46] rNying-ma-pa.

[47] bKa'-brgyud-'pa.

[48] dGe-lugs-pa.

[49] Bon-po.

Por otra parte, el Bardo-Thödol presenta unas metáforas y unos símbolos que no tienen relación directa con el significado del *Libro de los muertos,* pero que se han tomado de representaciones arcaicas que encontramos en la mitología de otros pueblos. No hay que tomar estas metáforas al pie de la letra. Son figuras de estilo que permiten al auditor entender mejor el sentido del *Libro de los muertos.*

El Bardo-Thödol de Karmalingpa

Las fuentes

El texto del Bardo-Thödol, que se ha hecho famoso bajo el título de *La liberación del estado intermedio por la escucha*[50], fue descubierto en el siglo XVI por Karmalingpa e insertado en el ciclo titulado *La liberación espontánea por la devoción a las divinidades pacíficas e iracundas*[51]. Este ciclo reúne gran número de rituales referentes a la muerte. Algunos de estos textos complementarios se han insertado en el Bardo-Thödol. Se repite con frecuencia que hay que leer tal o cual oración. Estas oraciones se encuentran en el ciclo antes citado, y también más adelante, bajo el título: *Los pacíficos y los iracundos de Karmalingpa*[52].El mandala de las divinidades pacíficas e iracundas se encuentra

---

[50] Bar-do-thos-grol-chen-mo.

[51] Zhi-khro dgons-pa-rang-grol.

[52] Kar-gling zhi-khro.

también en otro texto antiguo: *Colección de las palabras para las divinidades pacíficas e iracundas*[53]. Lo encontró Ugjenlingpa[54] (1326-1360) en una figura Rahu en Pematseg[55], cerca de la cueva de Yalungschelda[56].

Hasta hoy no existe ninguna edición crítica del texto original del Bardo-Thödol. Ese texto se editó en la India en 1969 bajo el título *Bar-do-thos-grol bzhugs-so, the Tibetan Book of the Dead,* y figura como nombre de su autor *The great Acharya Shri Singha.* La razón por la cual el *Libro de los muertos* de esta edición se atribuye al maestro Srisimha (en sánscrito)[57] no se ha aclarado. Como maestro de la enseñanza de los Njingmapa, puede efectivamente pasar por uno de los inspiradores del *Libro de los muertos;* sin embargo, esta indicación es demasiado vaga para que se le pueda considerar como autor de la obra. Por otra parte, existen varias versiones impresas o manuscritas conservadas en institutos cuyo acceso no está permitido a todos. Estos ejemplares son a veces también propiedad privada. Clasificaremos los diferentes textos impresos y manuscritos de la siguiente forma:

---

[53] Zhi-khro bka'- 'dus.

[54] O-rgyan-glin-pa. Voir Dargyay, *op. cit.,* p. 124.

[55] Padma-brtsegs.

[56] Yar-lung-shel-brag.

[57] Ver el importante papel desempeñado por este maestro en la formación de la escuela de los antiguos en el Tíbet, en E. Dargyay, *The Rise of Esoteric Buddhism in Tibet,* Delhi, 1977, p. 18 y ss.

— G. Tucci: en Tcci Hessig:*Die Religionen Tibets und des Mongolei*. Stuttgart, 1970, p. 284, texto n.º 92: Bar do thos grol.

— J. Kolmas: *Tibetan manuscripts and Blockprints in the library of the oriental institute Prague*. Praga, 1969, p. 49 y ss., texto núm. 36: Srid-pa bar-doïngo-sprod gsol-'debs bzhugs-so.

— W. Y. Evans-Wentz: *The Tibetan Book of the Dead*. Londres, 1927, reeditado en 1972, p. 68 y ss. Esta edición cita otro manuscrito perteneciente a Johan van Manen, secretario de la sociedad asiática en Calcuta.

— F. Fremantle. Chögyam Trungpa: *The Tibetan Book of the Dead*, Shambala Boulder y Londres, 1975, p. 12.

— *Bar-do-thos-grol bzhugs-so, The Tibetan Book of the Dead*, por The great Acharya Shri Sing ha. Este texto, impreso en la India en 1969, hace alusión a otras tres impresiones, sin ofrecer ningún dato concreto.

— D. I. Lauf *Geheimlehren Tibetischer Totenbücher*. Friburgo en Br., 1975, p. 269, texto núm. 6.

Para la presente traducción nos hemos valido de la edición india de 1969, así como de otro texto impreso sin indicación de lugar y fecha de impresión. Los caracteres de impresión de ese texto no se parecen a los del texto utilizado por Evans-Wentz, Tucci o Poucha.

Hasta ese momento ninguna de las traducciones del Bardo-Thödol adjuntaba textos complementarios al texto principal. Estos suplementos no aportan ningún elemento esencial a la comprensión de la enseñanza, sobre todo cuando el fin que se perseguía con la edición no era el de servir principalmente como ritual de los muertos. Estos suplementos son, entre otros, una oración dirigida a todos los Budas y Boddhisattvas, así como una *Oración para la liberación del peligroso camino del estado intermedio* (se citará un verso de la misma en el capítulo sobre el estado intermedio de la verdad en sí), y por último unas *Palabras fundamentales para el estado intermedio*, citadas por el Bardo-Thödol.

Otros textos arrojan luz sobre ciertos aspectos de la enseñanza general del estado intermedio, en particular desde el punto de vista de la práctica religiosa. Existen, pues, otras oraciones y otros textos de meditación que enseñan el método para llegar a la visión de las diversas divinidades y para eliminar las innumerables pasiones. Pero ninguno de esos textos añade elementos fundamentales, ciertamente útiles para el ritual de los muertos, pero sin interés notorio para el lector, deseoso simplemente de conocer la enseñanza del estado intermedio.

Nota para la presente edición

A Evans-Wentz le corresponde el mérito indudable de haber hecho más famoso en Occidente al Bardo-Thödol de lo que lo era en Oriente[58]. Este texto, que da indicaciones precisas y detalladas sobre la existen-

---

[58] W. Y. Evans-Wentz, *The Tibetan Book of the Dead*. Londres 1927.

cia de vida después de la muerte, espantó a los occidentales, para quienes la existencia termina con la muerte. El célebre tibetólogo italiano G. Tucci, a finales de los años 40, sintió la necesidad de presentar una nueva traducción de *El libro de los muertos*[59]. Por último, se publicó el texto de una serie de conferencias[60] de F. Fremantle y Chögyam Trungpa. Cabe preguntarse si está justificada una nueva traducción. Pero precisamente, cuando se trata de lenguas asiáticas, el traductor siempre es intérprete. Los dobles sentidos y contrasentidos traicionan fácilmente el texto original. Esta nueva traducción que presentamos aquí debería permitirnos tener entre las manos un texto legible y comprensible, que transmitiera el sentido implícito de un texto original, apartándose lo menos posible de la palabra tibetana. Semejante exigencia necesita evidentemente numerosos términos intermedios. El autor de esta traducción es consciente de cuánto debe a todos los que antes que él tradujeron el Bardo-Thödol, y pese a sus esfuerzos, sabe que aún no ha llegado a la meta que se propuso. La traducción del tibetano, a pesar de la existencia de trabajos anteriores, presenta notables dificultades, no en cuanto a la comprensión, sino en cuanto a la formulación. Por ejemplo, la palabra tibetana *ngosprod* (pronunciada *ngotö*)

---

[59] G. Tucci, *Il Libro Tibetano dei Morti* (Bardo Tödol), Milán, 1949, 2.ª ed., Turín, 1972.

[60] F. Fremantle y Chögyam Trungpa, *The Tibetan Book of the Dead*, Berkeley, 1975.

aparece continuamente en el texto. Literalmente, significa «encuentro del rostro», pero no significa, de forma dualista, el encuentro y confrontación de dos datos. Se trata de reconocer lo que aparece como nuestro propio rostro. Evans-Wentz lo traduce como «cara a cara»; mientras que F. Fremantle-Ch. Trungpa lo traducen como «mostrarse», y Tucci como «reconocerse». Como el tibetano no distingue entre verbo y sustantivo, la palabra puede traducirse también en forma activa o pasiva, como sujeto o como complemento causal. Puede ser el muerto que por sí mismo «ve una cosa en pleno rostro», es decir, comprende o reconoce, y también puede ser el lama que le ayuda al muerto a tener esa visión. Según el contexto, la traducción puede ser totalmente distinta aunque el tibetano no utilice más que una sola palabra.

Más difícil aún nos parece la traducción de los conceptos de la espiritualidad búdica. Hemos buscado con escuerzo una traducción literal de la palabra tibetana para transmitir lo más fielmente posible el sentido del concepto. Para los especialistas de la lengua tibetana, hemos indicado, al final de la obra, todos los conceptos tibetanos en el orden de su aparición en el texto, de forma que nos ha parecido superfluo establecer un índice de las palabras tibetanas o sánscritas. Es evidente que una traducción destinada a un público numeroso no puede pretender ser tan exacta como una traducción científica. Rogamos, pues, a los especialistas que entiendan por qué nos hemos permitido las libertades necesarias para la comprensión del texto. Como los conceptos búdicos no pueden traducirse perfectamente, nos ha parecido necesario introducir brevemente cada capítulo freciendo las aclaraciones de las expresiones particulares y algunas explicaciones sobre el sentido general. Este comentario es el desarrollo de las ideas presentadas en la introducción.

Por razones de claridad, nos ha parecido justificable dividir las tres grandes partes del Bardo-Thödol en capítulos distintos. Para facilitar al lector la comprensión general de la obra, las hemos presentado bajo subtítulos que no figuran en el texto original.

Por último, no hay que omitir resaltar que un documento que concierne a una experiencia de la vida religiosa no puede considerarse solo como documento de interés histórico. Como obra de arte, comporta ese elemento inexplicable que atrae al hombre y que lo lleva a nuevas reflexiones. Una obra como el Bardo-Thödol estaría ya muerta si solo se la considerase en su aspecto literario. Más que eso, es el testigo único de la experiencia religiosa y de la fe de todo un pueblo.

No era mi intención explicar *El libro de los muertos* como una introducción o comentarios al comienzo de cada capítulo; deseamos más bien mostrarle al lector lo que un tibetano se representa en cada uno de estos capítulos y a qué experiencia le conduce este libro. Esta fe viva del hombre no procede de los libros, sino que reside en el fondo de su corazón, y es importante. En materia religiosa, la literatura no tiene más función que conservar las formas externas de las ideas y de las concepciones de la fe. Las obras literarias no deben estimarse en función de su antigüedad, sino porque nos permiten encontrar el corazón vivo del hombre en sus dimensiones infinitas.

Como ya indicaba Lama Govinda en su prefacio, no resulta siempre fácil comprender el significado del BardoThödol. Es para mí una gran satisfacción que Gesche Lobsang Dargyay haya podido discutir conmigo toda la traducción. Mi agradecimiento muy particular al *Muy Venerable Kalou Rinpoché* por la ayuda que ha tenido a bien brindarnos en los párrafos más delicados. Los nombres tibetanos los transcribimos fonéticamente. Como la escritura tibetana está muy alejada de la pronunciación, resultaba desgraciadamente imposible transcribir correctamente los nombres y los conceptos.

Las palabras sánscritas, por su parte, se leen a la manera latina.

Observemos que *c* se pronuncia *che* y que la *j* se pronuncia *dye*.

Para la transcripción de las palabras tibetanas he seguido el sistema propuesto por T. Wylie[61].

---

[61] A standard System of Tibetan Transcription. Harvard Jurnal of Asiatic Studies, 22, 1959, pp. 261-267.

El Bardo-Thödol y su significado en la vida religiosa tibetana

Por GESCHE LOBSANG DARGYAY

Como se indica en la introducción, el Bardo-Thödol forma parte de los textos-tesoro que se remontan a la época de Padmasambhava (siglo VIII), y se nos han transmitido después sin interrupción. En las épocas en que estos libros permanecían ocultos, existía sin embargo una tradición viva entre los seres espirituales de los Dakinis. El descubridor de estos textos no era, y no es, un hombre corriente, que se tropieza por casualidad con unos textos antiguos. Es un santo que, gracias a la fuerza de su karma, es llamado, según las profecías de Padmasambhava, a encontrar estos textos. Se trata de una misión que no puede evitar. Escribe comentarios y aclaraciones del fragmento descubierto bajo la inspiración de los Dakinis. El conjunto pasa por ser un texto-tesoro. Padmasambhava y sus discípulos ocultaron estos textos.

En la tradición local, estos textos sagrados tienen la misma autenticidad que los demás textos que se transmitieron en su forma original, sin interrupción, de hombre a hombre. Así, la transmisión de la antigua escuela del budismo tibetano siguió dos vías: en primer lugar, la de la predicación[1]; es decir, la enseñanza transmitida por los maestros, y en segundo lugar, esos textos-tesoro[2].

Las siguientes observaciones se basan en mis numerosos años de estudios en el convento de Ra-hor, al oeste del Tíbet, en la provincia Amdo, y en el convento de Drepung, a unas cuantas horas de Lha-sa; son, por otra parte, fruto de mi experiencia personal adquirida igualmente en el Tíbet y en mi patria.

Quién puede practicar el Bardo-Thödol

Al igual que la mayoría de las enseñanzas de la antigua escuela, el Bardo-Thödol forma parte de la tradición tántrica que, según la regla, no puede ser estudiada y practicada sin discernimiento.

Las razones son muy sencillas: para una conciencia no ejercitada, las enseñanzas tántricas comportan unas formulaciones que se prestan a confusión y suscitan unas ideas que pueden conducir a catástrofes psíquicas. A la inversa de estas enseñanzas, el Bardo-Thödol puede ser estudiado por cualquiera. Incluso está especialmente

[1] Tibetano, «bka'-ma».

[2] Tibetano, «gter-ma».

concebido para quien no tiene tiempo ni posibilidad de emprender un largo estudio y un entrenamiento espiritual riguroso. El texto del Bardo-Thödol indica claramente que se trata tan solo, en el momento de la muerte, de recordar la enseñanza que se ha oído. Este simple recuerdo puede ya permitir evitar lo peor; a saber, un renacimiento en los malos estados de existencia. Los ejercicios siguientes de «transferencia de conciencia»[3] los han aplicado principalmente laicos e incluso personas analfabetas. Se cuenta en el Tíbet la historia de un pastor que, en la soledad de sus pastos, se ejercitaba hasta tal punto en la «transferencia de conciencia» que se había convertido en un auténtico maestro. Naturalmente, no por ello se alcanza el más alto conocimiento; pero cuando muere el que ha practicado el Bardo-Thödol, cumple más fácilmente la condición necesaria para pasar a uno de los reinos celestes de los cinco Budas[4], en donde cada uno toma parte en una enseñanza tan intensiva y tan directa del Buda, que puede, a partir de ese momento, convertirse en discípulo personal y alcanzar con ello la más alta iluminación, es decir, la budeidad. Así, la enseñanza del Bardo-Thödol, y en particular la práctica del «traslado de conciencia», es una vía indicada para aquellos países en los que no se encuentran a mano los maestros adecua-

---

[3] Tibetano, «'pho-ba».

[4] Tibetano, «rigs-Lnga»

dos. Sin embargo, resulta evidente, incluso en el caso del Bardo-Thödol, que la enseñanza oral de un maestro, de un lama, permite un desarrollo espiritual más fructífero y más dinámico. La integridad del maestro, su experiencia, despiertan en nosotros una justa confianza en la vía. Su ejemplo nos demuestra la exactitud de la vía que practica. Por su enseñanza, el lama nos permite unirnos a una cadena de hombres que han practicado esos ejercicios durante siglos; y los numerosos maestros que les han guiado acuden aún hoy en nuestra ayuda con su ejemplo, en los momentos de debilidad o de duda.

En esos momentos, la enseñanza recibida de los libros resulta insuficiente. Al no confiar en su intelecto, se pierde la confianza en lo que inicialmente se había estimado. Ocurre fácilmente que se entiendan mal al leerlas las partes importantes de una enseñanza. Por eso se recomienda a toda persona que desee estudiar el Bardo-Thödol, que se lo haga explicar por un lama. Ningún escrito puede sustituir esa enseñanza personal directa. Un escrito solo puede y debe preparar el camino que lleva a un lama.

Utilización práctica del ejercicio del Bardo-Thödol

El Bardo-Thödol repite incansablemente que hay que recordar la enseñanza recibida del lama durante la vida. Se trata de algo muy distinto de una simple memorización.

Hay que entender claramente cada palabra, cada matiz, cada significado; es decir, que no se trata simplemente de estudiar esa enseñanza leyéndola incluso varias veces, sino que hay que ponerla en práctica hasta que nos siga en el sueño. Dicho de otro modo, el ejercicio de ese método tiene que impregnar al hombre hasta el punto de que tenga presente esa enseñanza en toda circunstancia, que sueñe con ella durante la noche y que aspire a retirarse «en ese ejercicio» como en su propia casa. Ese ejercicio no es como una hazaña deportiva o espiritual que relaja a unos, satisface a otros, y da una nueva sensación de existir. Es un ejercicio en el que el hombre se compromete con toda su persona, un crisol en el que se funde para convertirse en un hombre nuevo. Los místicos cristianos de Occidente utilizaban la imagen de la mano exprimiendo un racimo de uvas. El budismo se vale de la imagen de la fundición del oro. En ambos casos, se trata de la misma realidad. Lo que está oculto en lo más hondo de la existencia de un ser se saca a la luz y se desnuda. Este obligado desarrollo libera al hombre, lo abre a un nuevo aspecto de sí mismo. Es un paso doloroso donde los haya. Testigo de ello son las biografías de todos los místicos, sean de la religión que sean.

Para el ejercicio del Bardo-Thödol hay que tener también un corazón animoso, dispuesto a transformarse por el ejercicio, que con la práctica se convierte en parte integrante de nosotros mismos. Cuando a la hora de la muerte se acerquen el espanto y el sufrimiento, se tendrá la seguridad de poder realizar el ejercicio.

En el tantra *El anuncio del vencedor, una instrucción sobre la esencia de la devoción*[5], que nos ha sido transmitido por la antigua escuela del budismo tibetano, se dice en el capítulo X que hay que practicar en vida el Bardo-Thödol tan incansablemente como una joven se afana ante el espejo por ponerse más bella y atractiva. Al final, estos esfuerzos, que duran toda la vida, dan una seguridad que otro texto[6] describe con una imagen muy interior. El discípulo entra en meditación sin temor y con tanta seguridad como el pájaro vuela hacia su nido o como el niño salta sobre las rodillas de su madre.

Práctica junto a enfermos y moribundos

La muerte no es un acontecimiento limitado a un momento dado sino, un proceso que a veces se prolonga durante mucho tiempo. Algunos signos anuncian a veces la cercanía de la muerte. En el texto del Bardo-Thödol esto corresponde a los elementos constitutivos del cuerpo. Se puede decir que los siguientes signos anuncian por lo

---

[5] Título original: «*man-ngag-snying-gi-dgongs-pa rgyal-ba'i bka'zhes-pa'i rgyud*», p. 345 de la obra: «*rNying-ma'i rgyud-'bum*», vol IV.

[6] Título original: «*Rin-po-che'i phags-lam-bkod-pa'i rgyud*», p. 170, en, «*rNying-ma'i rgyud-'bum*» vol. IV.

general la aproximación de la muerte: el hombre siente el peso de su cuerpo con más intensidad de lo normal, se le secan los labios y la boca, los calores vitales se alejan de su cuerpo, el espíritu se ensombrece hasta desvanecerse. Cuando las fuerzas de la vida se difuminan, el espíritu entra en una luz blanca de cielo crepuscular, semejante al amanecer antes de que el sol asome por el horizonte. La oscuridad rodea entonces al espíritu que se desvanece. El Bardo-Thödol llama a este estado de conciencia «el momento en que se detiene la respiración exterior y en que el hálito interior aún no se ha interrumpido».

Cuando el espíritu del muerto sale de este desmayo, ve la luz original resplandeciente como la transparencia de un cielo brillante. Si reconoce esa luz fundamental, el muerto queda entonces liberado; pero permanece en estado intermedio si no reconoce esa luz.

Es muy importante que el muerto recuerde sus buenas acciones y que pueda de ese modo ir al encuentro del muerto en el sentimiento de una total confianza en su vida pasada. Una apacible sonrisa aparece entonces en su rostro, y su cuerpo relajado yace en su cama. Por eso los tibetanos evitan llantos y lamentaciones en la habitación mortuoria. Los parientes cercanos suelen quedarse lejos de esa habitación, pues al no poder contener su pena y su dolor, podrían estorbar el paso del muerto hacia el otro mundo. Los calores del cuerpo, que se van primero de las piernas y se retiran hacia la región del corazón, son el signo de una muerte feliz. Lo contrario de esa muerte apacible es la muerte desgraciada: el muerto avanza, se encabrita, busca con las manos un apoyo en el aire y cae hacia atrás encogido. En esta muerte desdichada, los calores del cuerpo se van primero de la cabeza y de la parte superior del cuerpo para retirarse hacia el corazón. Estos signos permiten prever si el nacimiento siguiente será bueno o malo.

Cuando aparecen los signos de aproximación de la muerte, se está a tiempo de empezar a leer el Bardo-Thödol; el muerto aún oye las palabras, puede recordar los ejercicios practicados durante su vida. El miedo a la muerte desaparece en una plena confianza, sin pensamientos dispersos, traspasa el umbral de la muerte. Incluso si el muerto ha caído en estado de inconsciencia, está plenamente justificado el que se siga la lectura del Bardo-Thödol. Aunque el muerto parezca no oír nada ya, las palabras penetran sin embargo en una capa profunda de su subconsciente, y pasado el desmayo, recuerda lo que ha oído. Nuestro sueño habitual conoce un proceso igual. Dice la tradición tibetana que la lectura del Bardo-Thödol ante un ser inconsciente corresponde a colocar en su sitio toda clase de utensilios en una cueva sombría. Aunque no se vean de primeras, en cuanto se encienda una vela se encontrarán. Así pues, estas palabras leídas en voz alta quedan indistintas en el subconsciente del muerto; en cuanto sale de su desvanecimiento, al comienzo del estado intermedio, recuerda lo que ha oído y saca provecho de ello.

Si el muerto pasa al estado intermedio en esos sentimientos, llega más fácilmente a la visión penetrante de su propia realidad espiritual, la luz fundamental. Junto a la cabecera de un enfermo o de un moribundo se empieza, pues, a leer en el Tíbet el Bardo-Thödol; pero como no se tiene la seguridad de que el muerto llegue realmente al estado intermedio, a esa visión interior, a esa visión penetrante, se continúa la lectura del Bardo-Thödol durante siete semanas. Es el período de tiempo máximo que pasa el muerto en el estado intermedio. Aunque deje antes ese estado, la lectura del Bardo-Thödol no le perjudica.

La lectura del Bardo-Thödol después de la muerte

Cuando el espíritu del muerto entra en el estado intermedio, no sabe al principio que está muerto. Cree que aún vive y se sorprende de que el mundo que le rodea sea súbitamente tan diferente. El muerto se ha convertido en un cuerpo-pensante que percibe cuanto le rodea, pero sabe que no lo puede ver el común de los mortales. Como en un sueño, ese cuerpo-mental puede trasladarse adonde quiere sin ninguna traba material, ya que no tiene ni carne ni sangre. Ese cuerpo-mental sigue aún vinculado a su cuerpo físico, y en el lugar donde vivía. La lectura del Bardo-Thödol junto a la cabecera del muerto, allí donde solía vivir, puede ser oída por su cuerpo-mental.

Transferencia de conciencia

Se dice al principio del Bardo-Thödol: «En el momento en que aparecen los signos innegables e indiscutibles de la muerte, hay que seguir las indicaciones de la *Liberación espontánea por la simple realización de la transferencia de conciencia*[7]. Quien, realmente, se haya impregnado del ejercicio de la transferencia de conciencia y que lo haya llevado a la perfección, puede estar seguro de encontrar la liberación en el estado intermedio. La transferencia de conciencia es un desarrollo significativo de la meditación de Amitabha. Es la mejor preparación para la muerte y para el estado intermedio.

Por esta razón, considero muy importante esta enseñanza. Y vuelvo a insistir aquí en que la enseñanza directa de un lama es preferible a una simple lectura. Una iniciación a la meditación de Amitabha[8], dada por un lama, es algo incomparable.

En función de los Tres Cuerpos del Buda[9], comentados en la introducción de esta obra sobre unos versos de

---

[7] Título original: *'Pho-ba-dran-pa-rang-grol.*

[8] Sánscrito, «abhiseka»; tibetano, «dbang-bskur».

[9] Tibetano, «sku-gsum».

dedicatoria del Bardo-Thödol, podemos decir que existen tres transferencias de conciencia:

1) La conciencia opera este retorno sobre sí misma cuando el yogui reconoce que la vacuidad[10] es la realidad propia de su pura conciencia espiritual. Pasa entonces de la conciencia espiritual a la conciencia universal. Este ejercicio exige un gran entrenamiento espiritual, y solo se les da a los yoguis muy adelantados, ya que, en el momento de la meditación, no viene en su ayuda ninguna representación o imagen de pensamiento.

2) En un segundo estado, la transferencia de conciencia se opera cuando el yogui reconoce la identidad de su conciencia espiritual con la esfera de la realidad absoluta[11]. A este respecto, medita sobre el canal sutil central (ver el comentario de la Primera parte), que se representa como un tubo de bambú transparente. A la altura del corazón se sitúa en caracteres tibetanos la sílaba-germen AH (ཨཱ). Es la conciencia espiritual que reúne en sí todos los procesos de pensamiento. Ese AH se eleva dentro del canal sutil central hasta la parte superior de la cabeza, la atraviesa y se libera en la esfera de la realidad absoluta[12].

---

[10] Concepto tibetano que corresponde a rab chos-sku-lta-ba-rgyas'debs-kyi'pho-ba.

[11] Sánscrito, «dharmadhatu, tibetano, «chos-dbyings».

[12] Concepto tibetano que corresponde a: 'bring longs-sku bskyed-edzogs zung-'juggi' pho-ba.

3) La propia conciencia puede también estar influida gracias a Amitabha, el Buda de «toda luz» o de «luz ilimitada»[13].

El párrafo siguiente explicará con todo detalle este ejercicio, indicado para aquellas personas cuya experiencia espiritual esté aún poco avanzada.

La transferencia de la conciencia gracias a la ayuda de Amitabha

El Bardo-Thödol indica que la transferencia de conciencia se puede emprender por uno mismo o con ayuda de un lama. Las siguientes explicaciones se basan esencialmente en el tratado *La transferencia de conciencia (un Camino) hacia la budeidad sin meditación*[14], de Tchimelingpa (1729-1798), y sobre el *Comentario a la transferencia de conciencia bajo la égida de Amitabha*[15], de Gungthang Tänpädonme (1762-1823).

Existen numerosos métodos de transferencia de conciencia, algunos bajo la protección de divinidades

---

[13] Concepto tibetano que corresponde a: tha-ma sprul-sku'du-shes gsum-ldan-gyi' pho-ba.

[14] Este tratado forma parte de la obra, en 2 vol., «s*Nying-thig poodgnyis*» de la impresión tibetana «gNas-chung Grva-tschang». Título original: «*klong-chen-snying-lelas: 'pho-ba-ma-bsgomssangs-rgyas*», pp. 1,4 y ss. Su autor es 'Jigs-med-gling-pa.

[15] Título original: *mGon-po'od-dpag-med-la-brten-pa-'i pho-khrid*, pp. 354-369, en «*The collected Works of Gung-thang dKom-mchog-bslan-pa'i sgron-me*» (G.S.M.G.S., vol 38), ed N. Gelek Demo, Nueva Delhi, 1975.

distintas a Amitabha. En función del Bardo-Thödol, se aconseja dirigirse a Amitabha, que facilita particularmente esta meditación, puesto que está muy relacionada con el Bardo-Thödol. Es menester detenerse aquí un instante sobre el Buda Amitabha. Un sutra de Kanjur, la colección de las enseñanzas del Buda Sakyamuni, concierne de manera muy particular a Amitabha y al reino de la felicidad celestial, sobre todo el *Sutra Mahayana, llamado el Desarrollo (del reino de la felicidad celestial), del noble Amitabha*[16]. El que se vuelve hacia el Buda Amitabha tiene la dicha de renacer gracias a su compasión y a su bondad pura en el reino de la felicidad celestial, donde permanece en la enseñanza del Buda Amitabha hasta alcanzar el despertar perfecto y entrar y actuar en la existencia como Boddhisattva, para el bien de todos los seres.

Además de la repetición continua del nombre de Amitabha, la transferencia de conciencia es el mejor método para renacer en el estado de beatitud del reino de la felicidad celestial. Los sufrimientos del mundo de la impermanencia quedarán entonces completamente superados.

---

[16] Título sánscrito: *Arya-amitabha-vyuha-nama-mahayana-sutra*. Título tibetano: '*Phags-pa'od dptag-med-kyi bkod-pa shes bya-ba-theg-pa-chen-po'i mdo*, en *Tibetan Tripitaka*, Pekín, Edición. Reimpresión Tokio-Kioto, 1956, vol. 22, pp. 110-126.

La meditación

Antes de empezar la meditación propiamente dicha, se busca amparo junto a los Tres Raros y Sublimes, Buda, Dharma, Sangha, y se despierta en uno mismo el propósito de obrar por el bien y la iluminación perfecta de todos los seres. Luego se visualiza al Buda Amitabha, elevado en los aires, y se dirige uno a él diciendo por tres veces la siguiente oración: «Amitabha, Protector sublime, noble, perfecto y enteramente realizado, yo te reverencio, te hago ofrendas y busco amparo en ti».

Se visualiza entonces el canal sutil central. Es semejante a un bambú transparente, tan fino como la caña de una flecha, ligeramente rojizo por dentro, y blancuzco por fuera. Este canal empieza a tres dedos por encima del ombligo y termina en el vértice del cráneo. A la altura del corazón, ese canal sutil hace un nudo parecido al nudo de una caña de bambú. En ese nudo se encuentra un punto luminoso, verde claro, que es la forma más sutil de la vitalidad. Lleva la sílaba tibetana HRI (ༀ:), que es un color rojo luminoso. Es el espíritu.

Se intenta visualizar al Buda una vara por encima de la cabeza. Es de un rojo muy vivo, las piernas en loto, en postura de meditación, con las manos una sobre otra, abiertas hacia el cielo y llevando la «limosnera». Esta figura indica todas las características de un Buda: lóbulos de las orejas colgantes, cráneo sobreelevado, etc. La persona de Amitabha representa simultáneamente tanto al lama como a todos los maestros de esta tradición.

El mismo canal sutil central existe en Amitabha, con el carácter HRI en la región del corazón. Amitabha se encuentra, pues, por encima de quien medita, de forma que sus dos canales sutiles respectivos están en prolongación el uno del otro. Si se quiere que el HRI esté levantado hacia arriba de sí, hay que llegar a ver el HRI del canal nervioso de Amitabha. Se siente el profundo deseo de unirse con Amitabha cuando nuestro propio HRI, que es nuestro espíritu, ha reconocido el HRI de Amitabha. El HRI se eleva como una hora en el viento, y mientras el meditante murmura HRI HRI HRI HRI, asciende al canal sutil central y sale de él atravesando el orificio de Brahma. Luego el meditante pronuncia un HIK en tono alto y su propio HRI se une entonces con el de Amitabha. Se permanece sumido en él varios instantes. La sílaba KHA pronunciada en tono bajo hace descender de nuevo al HRI que retorna a su sitio en la región del corazón.

Es la parte más importante del ejercicio y hay que repetirla una y otra vez. Debe cuidarse atentamente de que nuestro HRI retorne a su lugar inicial en el canal nervioso central. Cuando se ha logrado un gran dominio de esta meditación, puede ocurrir que muera uno súbitamente si el HRI, es decir, el espíritu, no vuelve a descender al cuerpo. En esta meditación hay que repetir tres veces el ejercicio antes descrito. Para terminar la meditación, se deja que la imagen de Amitabha se haga toda luz. Esta desciende entonces en nuestro cuerpo y se funde con él. Con eso, la abertura del canal sutil central se cierra en el vértice del cráneo, y en este «entrenarse a morir» se aparta cualquier peligro.

La imperfección del lenguaje humano da la impresión de que la persona del meditante es una cosa y que su conciencia es otra. Pero no es así. Antes al contrario, hay que considerar el propio cuerpo como una casa en la que se mora con HRI. En los movimientos de HRI es nuestra persona la que está presente. Si se separa al meditante de la conciencia que lleva en él, el ejercicio no puede salir bien.

Diversos signos se manifiestan en nuestro cuerpo cuando se realiza perfectamente el ejercicio. En el vértice del cráneo aparece una burbuja que asciende y se extiende en un líquido. Se puede entonces hundir en ese punto sin esfuerzo una cañita a través de la piel, como si se hundiera en un pantano. El que haya realizado con éxito el ejercicio de la transferencia de conciencia, siente entonces en su cuerpo una ligereza indescriptible, como si el HRI en su elevación hubiera arrastrado al cuerpo en una especie de ascensión.

La transferencia de conciencia en un muerto

El lama, o el amigo espiritual que emprende por el muerto la práctica de la transferencia de conciencia, debe en primer lugar invocar la conciencia del muerto. Se invoca al espíritu del muerto por el poder de los Tres Raros y Sublimes. Luego, el lama consuela al muerto que se encuentra perdido y confuso hasta lo indecible. Le consuela recordándole que quien ha nacido debe sufrir también la muerte, ya sea emperador, amo del mundo, o mendigo tumbado en el arroyo. La muerte es una ley de la naturaleza a la que nadie escapa. No hay, pues, razón para afligirse. Antes al contrario, el muerto debe considerarse dichoso, puesto que conoce el nombre de los Budas y de los Boddhisattvas y puede recordarlos. Cuántos hombres han de morir sin conocer semejante consuelo. Luego el lama comienza la transferencia de conciencia.

Esta meditación se desarrolla esencialmente como la anterior, con la diferencia de que el lama indica al muerto cómo debe meditar. El propio lama entra totalmente en la meditación del muerto. Mira cómo la conciencia del muerto, en tanto que sílaba HRI, se eleva por el canal sutil central y se une con el corazón de Amitabha por encima del cráneo del cadáver. La meditación y la poderosa concentración del lama son tal ayuda y tal apoyo que lo único que tiene que hacer el muerto es confiarse plenamente. Entonces su espíritu encuentra el camino justo que debe seguir.

Una palabra más para aquel que quiera emprender la transferencia de conciencia por otro. Cada cual puede ejercitarse en esta transferencia de conciencia para sí mismo o para un amigo moribundo. Pero en cuanto este ha muerto, solo un lama de elevada espiritualidad es apto para invocar esta oración. Como indica el Bardo-Thödol, el cuerpo-mental, en el estado intermedio, puede reconocer con facilidad los pensamientos imperfectos con frecuencia dispersos y caprichosos de los vivos, lo que aumenta la ira y la pena del muerto, precipitándolo en su propia torpeza y obligándolo a caer en un nuevo renacimiento desfavorable. Es, pues, necesario que no sea cualquiera quien emprenda esta acción cerca de un muerto. Tiene que ser un lama quien se encargue de la transferencia de conciencia del muerto al que se pretende ayudar. De todas formas, conviene saber que la transferencia de conciencia de un muerto por una persona de poca espiritualidad no tendría ningún sentido, puesto que esta persona no podría invocar el espíritu del muerto.

Para terminar, me gustaría traducir los párrafos más importantes del tratado que antes citaba: *La transferencia de conciencia, una vía hacia la budeidad sin meditación.* El que quiera realmente llegar a la transferencia de conciencia puede aprenderse de memoria este texto, que ayudará y reforzará su ejercicio. En cuanto al texto en sí, añadamos que es costumbre en la práctica tibetana actual utilizar HIK en lugar del PHAT. Hay, pues, que decir HIK allí donde el texto indica PHAT. Por otra parte, la oración que viene al final del texto se recita al principio de la meditación.

En esta oración, se habla de «Omin»[17] como de un lugar más allá del tiempo y del espacio; es decir, simplemente un reino celestial. Omin significa el «lugar» de la pura trascendencia. El texto que se recita durante la meditación se interrumpe aquí con una explicación precedente también de Tchimelingpa:

«En el centro del cuerpo, represéntate el canal sutil central, del grosor de la caña de una flecha, hueco y transparente de luz. Se abre en el vértice del cráneo y por abajo termina cerca del ombligo. En la región del corazón forma una especie de nudo sobre el cual aparece la vitalidad como un punto verde luminoso con el carácter rojo HRI en su centro que representa la naturaleza espiritual en sí. A unos 80 centímetros por encima de tu cabeza visualiza con claridad al Buda Amitabha con todos sus maravillosos distintivos».

«Se reza de este modo lleno de fervor y de devoción, cuidando de que ningún otro pensamiento turbe a la

---

[17] Tibetano, 'og-min'.

conciencia. Recogido en sí mismo, concentrado en un punto, se murmura cinco veces HRI apoyando la lengua contra el paladar, con la parte superior del cuerpo erguida al mismo tiempo y la cabeza derecha».

«En ese momento, la sílaba HRI, la naturaleza espiritual, se eleva como una hoja levantada por el viento; se clama entonces un poderoso PHAT y, como una flecha, el HRI llega al corazón de Amitabha. ¡Emaho! En Omin, un lugar que es en realidad la aparición de mi propia naturaleza espiritual, me quedo junto a mi maestro Lama, la morada de todos los refugios —en el centro del arcoíris, en el céntuplo, al menos según la creencia de mis sentidos—. No tiene un cuerpo normal sino un cuerpo de una transparencia que es en realidad el luminoso Amitabha. Te venero y te suplico que me des tu bendición para que pueda seguir la vía de la transferencia de la conciencia. Bendíceme, para que alcance Omin. ¡Déjame llegar a la esfera de la realidad en sí que es semejante a un palacio!».

Terminada la meditación, se ofrece ese servicio para la obtención de la liberación de todos los seres.

EL LIBRO TIBETANO DE LOS MUERTOS

Bardo-Thödol

Perteneciente al Ciclo:

*Enseñanza exhaustiva de la Liberación espontánea
por la devoción a las divinidades pacíficas e iracundas.*

Esta es la *Gran liberación por la escucha*, una plegaria
por el estado intermedio de la pura naturaleza
espiritual y de la conciencia universal.

(*Comentario*). El texto del Bardo-Thödol pertenece al ciclo de una obra general titulada *La liberación espontánea por la devoción de las divinidades sublimes pacificadoras y aterrorizadoras*. El Bardo-Thödol solo se cita en el título en función de la primera parte de la obra que trata del estado intermedio y de la conciencia universal.

Los versos de introducción son un homenaje dirigido al maestro que muestra la vía hacia la liberación, a todos los maestros que han transmitido esta enseñanza, y por último al Buda, que fue el primer maestro. El lama, el maestro espiritual, participa del ser verdadero —la conciencia universal— y del postrer lado invisible, oculto tras toda condición y todo fenómeno perecedero, como el cielo luminoso e impoluto se oculta tras las nubes. El testimonio de la tradición local llega a decir que el maestro *es ese* inalcanzable. Numerosos conceptos tratan de definir ese «inalcanzable» que, a partir de este texto, se describe como el verdadero ser. Pero ningún concepto lo delimita exactamente.

Esta traducción comporta de igual forma esa laguna que representa siempre, desgraciadamente, el intento de captar con palabras lo inalcanzable de la experiencia inmediata. Utilizaremos aquí un sistema procedente de la historia de las religiones, la conceptualización; es decir, el hecho de definir con palabras, de verbalizar y de encerrar en un sistema el carácter espontáneo de lo que, en la vida, es propiamente inalcanzable. La verbalización no tiene ya la espontaneidad original y el frescor de la vida, y que la conceptualización se aleja aún más. La espiritualidad búdica ha tratado de distinguir tres aspectos diferentes de la vacuidad que es la experiencia de lo inalcanzable. Estos tres aspectos de la vacuidad, es decir, de la verdadera realidad, como también dice el texto, son:

1.º El ser verdadero en el plano de la sabiduría absoluta, que es idéntico a la realidad, es decir, idéntico a la vacuidad inalcanzable del fenómeno. Los textos llaman a este aspecto el *Dharmakaya*[*], lo que, literalmente, significa «cuerpo de verdad», entendiéndose cuerpo en un sentido espiritual. En este plano del ser absoluto se sitúa el Buda. En su visión interna, se fija en la vacuidad inseparable de sí mismo, inaccesible, vacía de toda idea,

---

[*] *Dharmakaya* = Cuerpo de vacuidad.

de todo contenido. La traducción utiliza aquí la noción de *cuerpo de vacuidad.*

2.º Así como toda persona incluye en sí misma, además del plano cognoscitivo intelectual, un plano ético, el ser del Buda comporta así mismo otra esfera que los textos llaman el *Sambhogakaya*[*] o el cuerpo de afinidad, de «gozo bienaventurado»; un estado de comunión queda aquí implicado, por el hecho de que el Buda puede ser captado por otros seres como el maestro y mediador de la postrer sabiduría. De su tesoro de sabiduría, que es su verdadero ser en el dharmakaya, comunica su trance a cualquier hombre que sea casi de su misma condición. En la enseñanza, esta comunicación es la «afinidad» de gozo bienaventurado del Buda y de todos los seres que con él comparten ese trance. Esta noción se traduce en nuestro texto por «el ser de comunicación». Esta experiencia común de la revelación de la sabiduría en la enseñanza del Buda engendra una esfera propia, imbuida de la acción carismática del Buda. Los textos hablan del campo de acción del Buda (*Buddhaksetra*). Traduciremos también esto por la noción de Sambhogakaya para significar el trance de esa esfera que nos «rapta», nos trastorna. Ese lugar, evidentemente, no tiene una localización real.

3.º El ser compasivo del Buda abarca a todos los seres vivos en su compasión. Los seres que no conocen su

---

[*] *Sambhogakaya* = Cuerpo de gozo.

verdadera naturaleza y que se encuentran enredados en su sufrimiento, suscitan la compasión del Buda. Así, el Buda muestra otro aspecto de su ser que concierne a un mayor número de seres que viven en la ignorancia y en el mal. Aparece bajo la figura de un hombre que muestra la vía que va de la ignorancia a la iluminación. Esto se traduce por la noción de *Nirmanakaya*[*] Por tanto, según la enseñanza del Mahayana, el buda Sakyamuni, personaje histórico, no es el propio Buda, sino una aparición de su «ser actuante».

En el homenaje versificado, estos tres aspectos del ser irán asociados a numerosas metáforas. El Buda de la Luz Infinita, Amitabha, se asocia con el ser verdadero, siendo este, como hemos visto en la introducción, luz y nada más que luz, transparencia en sí. Amitabha en su verdadero ser es luz y sabiduría. El ser compasivo del lama procede de los seres divinos que gozan en común, en el Reino Celestial, de ese oído y de esta visión de la enseñanza del Buda. Son las divinidades de la Orden del Loto que consideran a Amitabha como su señor y maestro. El maestro Padmasambhava es también el ser actuante del que da testimonio todo gran maestro tibetano y de quien se hablaba en la introducción. Así se desarrolla todo un «cosmos» de experiencias espirituales en el lama, él es camino y el símbolo de la propia vida. *(Fin del comentario)*.

---

[*] *Nirmanakaya* = Cuerpo de manifestación.

Homenaje

¡Om! Venerado sea el lama que es los Tres Cuerpos

Venerado el Cuerpo de Vacuidad,
por quien el Espíritu Despierto abarca y penetra
todo, Amitabha Buda de luz infinita.

Venerado sea el Cuerpo de Gozo*,
divinidades pacíficas e iracundas de la Orden del Loto

Venerado el Cuerpo de Emanación,
Padmasambhava
venido como Salvador de todos los seres.

Gran enseñanza de la liberación por la escucha
ofrecida al yogui medio para que alcance la
liberación cuando pase al estado intermedio.

(Bardo)

---

* «El cuerpo de gozo» es todos los aspectos de la naturaleza despierta del Buda por los que se goza de todas las cualidades del Devenir tanto como de la Quietud.

Introducción

Para quién no es necesaria la lectura del Bardo

(*Comentario*). Las personas que ya han alcanzado un desarrollo espiritual que les permite reconocer por la visión interior la verdadera naturaleza de los fenómenos, no necesitan el Bardo-Thödol. Lo mismo puede decirse de quienes hayan practicado en vida la transferencia de conciencia[*]. Ya se ha desarrollado suficientemente este método de meditación en la introducción para que tengamos que añadir aclaraciones. Aquel, pues, que por la meditación de la transferencia de conciencia, sea capaz de unir su propia naturaleza espiritual a la de Amitabha, el Buda de la Luz Infinita, no tiene necesidad del Bardo-Thödol. La introducción nos indica, así mismo, que el lama puede emprender también por el muerto

---

[*] Transferencia de conciencia: tibetano, «pho-wa».

la transferencia de conciencia. Un lama está capacitado para saber si su esfuerzo se ha visto coronado por el éxito. En ese caso cesa la lectura del Bardo-Thödol. Para todos los demás seres, la lectura del Bardo-Thödol es indispensable. *(Fin del comentario)*.

Para obtener la liberación de los seres hay que haber estudiado primero las diferentes técnicas que liberan a los seres, abriéndoles a las facultades superiores. Si no se hace así, hay que practicar entonces, en el estado intermedio[1] del momento de la muerte, la transferencia de conciencia[2]. Incluso aquellos cuyas facultades son mediocres, llegarán sin duda a quedar liberados de esta manera. Pero para quienes no lo han logrado, hay que seguir practicando la *Gran Liberación por la Escucha en el Bardo de la Verdad en Sí*[*].

Se requiere igualmente que el moribundo examine los signos de la muerte según el texto de la *Liberación espontánea por la observación de los signos precursores de la Muerte*[3]. En el momento en que estos signos se hacen

---

[1] Zab-chos-zhi-khro dgongs-pa-rang-grol-las/chos-nyid bar-do'i gsol-'debs thos-grolchen-mo bzughs-so//.

[*] Es el Estado intermedio aquel en el cual la Verdad en Sí se nos aparece en todas las formas de las Divinidades pacíficas e iracundas, los principios mismos de lo que somos.

[2] 'Pho-ba-dran-pa-rang-grol.

[3] Chi-ltas-mtshan-ma-rang-grol.

evidentes e innegables, hay que practicar la transferencia de conciencia que se libera espontáneamente en cuanto se piensa en ella. Quien haya realizado esta liberación no tiene ya necesidad de la lectura de la *Gran liberación por la escucha*.

La lectura del Bardo-Thödol

(**Comentario**). El texto del Bardo-Thödol puede leerlo cualquiera en principio, como la obra general de la meditación de Amitabha, la oración de los Puros Campos de Felicidad (*Sukhavati*), la transferencia de conciencia y el Bardo-Thödol que están destinados particularmente a los laicos. Desde los tiempos más remotos, la India, y no solo el budismo, ha utilizado las fórmulas sagradas cuya ayuda se requería solamente en algunas ocasiones muy particulares. Encontramos una frase de discutible veracidad, que podría parecer trivial: por la virtud de la verdad, que ocurra esto o lo otro. Pero hay que recordar aquí que la palabra, para el hombre, refleja el mundo, y es en un principio con la palabra como el hombre puede tomar conciencia del mundo y de sí mismo. Es, pues comprensible que muchas religiones atribuyan una fuerza, una virtud mágica a la palabra. En nuestro contexto, el lama pronunciará una fórmula búdica y la repetiría hasta que, por la fuerza de esta palabra, el espíritu del muerto tuviera a bien escucharlo.

La lectura empieza con la presentación de las ofrendas a los Tres Raros y Sublimes; que son:

—el Buda;
—el Dharma: la verdadera enseñanza sobre la naturaleza de todas las cosas;
—el Sangha: la comunidad de cuantos enseñan y practican el Dharma, en particular la congregación de los monjes.

Estos Tres Raros y Sublimes son objeto de la devoción de los budistas. La ofrenda no depende de un objeto material cualquiera. Se representa uno con todas las riquezas de la tierra, se apodera uno de ellas con la mente y se las ofrenda simbólicamente.

Las plegarias que se indican al final de este capitulo deben recitarse al comienzo de la lectura del Bardo-Thö-dol, así como al final. (*Fin del comentario*).

Si la transferencia de conciencia no ha tenido éxito, hay que leer delante del muerto, con voz clara y articulada, *La gran liberación por la escucha*.

Si ya no está el cadáver, hay que ponerse en el lugar en que solía sentarse o dormir el muerto y llamar su espíritu con una fórmula sagrada. Se representa uno al muerto sentado ante sí, escuchando. ¡Entonces se le lee! Pero está prohibido que los parientes y amigos lloren durante ese tiempo, pues eso sería perjudicial para el muerto. Si el cadáver está presente, el lama, o un hermano en el Dharma, o una persona en la que tuviera confianza el moribundo, o un amigo que tuviera los mismos sentimientos, o uno de sus semejantes, tiene que leer *La gran liberación por la escucha*, con la boca junto a la oreja del muerto, sin rozarla, en el momento en que cesa la respiración exterior, pero aún no ha desaparecido el soplo interno de vida.

Sacrificios y oraciones preparatorias

He aquí las explicaciones esenciales para *La gran liberación por la escucha*. Se presenta a los Tres Raros y Sublimes ricas ofendas en función de lo que se tenga a mano. Y si no se tiene nada, se ofrecen representaciones interiores, multiplicadas al infinito. Luego se repite tres o siete veces una oración, pidiendo la protección de los Budas y Boddhisattvas. Luego, hay que entonar las oraciones siguientes: *Protección ante el Temor al Estado Intermedio*[4]. *Liberación del Camino Peligroso del Estado Intermedio*[5] y los *Principales Versículos del Estado Intermedio*[6]. Por último, se recita *La Gran Liberación por la Escucha* tres o siete veces, según el caso.

---

[4] Bar-do'i smon-lam 'jigs-skyobs.

[5] Bar-do'i'phrang-sgrol.

[6] Bar-do'i rta-tshig.

Estructura del Bardo-Thödol

Esta *Gran Liberación por la Escucha* consiste en tres partes:

I. Permitir reconocer la luminosidad inherente al espíritu en el estado intermedio del momento de la muerte.

II. Recordatorio para reconocer el estado intermedio en el que aparece la Verdad en Sí.

III. Instrucción para cerrar la puerta de entrada a una matriz en el estado intermedio del Devenir.

Visión penetrante de la luz fundamental en el estado intermedio en la hora de la muerte

(*Comentario*). El primer estado intermedio que sucede directamente a la muerte depende, en cuanto a su duración, del grado de espiritualidad alcanzado por el difunto antes de su muerte. Cuanto más hundido viviera el hombre en las ilusiones y en los sufrimientos, más corto será, a la hora de la muerte, el paso al estado intermedio. Más turbio será también el resplandor de la luz original. La gran oportunidad de reconocer, en la luz fundamental, la esencia íntima del espíritu pasará en vano ante ese hombre.

El que haya ejercido celosamente en vida una de esas múltiples meditaciones sobre la luz, será el único que, a la hora de la muerte, pueda reconocer en el estado intermedio esa luz naciente, como esencia íntima increada del espíritu, la naturaleza del Buda, la vacuidad. Esta visión penetrante da la libertad: el difunto alcanza la más alta iluminación, se convierte en Buda. El primer capítulo habla, pues, de aquellos que en vida alcanzaron un altísimo desarrollo en sus ejercicios espirituales y que pueden alcanzar la liberación por el hecho de que entienden la luz original en su esencia.

En casi todas las religiones aparece al menos una vez ese fenómeno universal de la identidad Luz-Pensamiento-Ser. Según la Biblia, Dios el creador pronunció estas primeras palabras: «Que la luz se haga», creando y designando de este modo su primera obra (Gen., 1, 3). La luz al principio no es, pues, una simple masa del «devenir del mundo», sino que es la esencia más íntima de ese mundo, el ser verdadero de este mundo. Es visible en Dios, en los santos, y es la pura naturaleza del espíritu. Los discípulos de Platón han desarrollado una metafísica de la luz, recogida y modificada por el occidente cristiano (ver A. Haas: *Der Lichtsprung der Gottheit,* en Typologia Litterarum Festschrift fur Max Wehrli, Zurich, 1969, p. 219 ss.). Se ha observado en la introducción que ya se encuentra, en los escritos búdicos más antiguos, esta ideología de la luz. Según los testimonios místicos de las más diversas relaciones, el espíritu, como luz, no es una metáfora o una imagen, es una experiencia íntima de su esencia.

En el budismo, la meditación de la luz es en principio un reconocimiento de la esencia del espíritu. Cuando todas las actividades del espíritu, el diálogo interior ininterrumpido, se han calmado, cuando el espíritu se aclara y ningún pensamiento le perturba, aparece entonces en toda su luz. Existen varios métodos para reconocer la verdadera naturaleza de ese diálogo interno: concentración en las sílabas (y no en mantras), en destellos de luz, etc. (ver Tucci-Heissig: *Die Religionen Tibets und der Mongolei*, Stuttgart, 1970, p. 105).

Esta noción de «esencia del espíritu», ya utilizada aquí, trata de traducir la noción tibetana de *rang-rig*. Esta traducción es insuficiente, puesto que las lenguas europeas no poseen un concepto apropiado. Para dar el sentido original, la traducción necesita al menos de algunos comentarios. Esta «esencia del espíritu» tiene algo, en cierto modo, de «órdenes de conciencia[7]», aunque las trasciende. Cada momento de conciencia determina normalmente un objeto. La meditación libera precisamente a la conciencia de esa determinación; entonces la fuerza de ese momento de conciencia se va hacia el interior, más allá de sí misma, y se une en el punto central más íntimo de sí misma, con la vacuidad, la esencia misma del espíritu. Esta visión intuitiva o «visión penetrante» de ese centro último del ser en sí se obtiene cuando se cierra el camino a esa pulsión que atrae la conciencia hacia el exterior, hacia el objeto. Esta visión penetrante de la esencia del espíritu no es un conocimiento dualista que destaque simplemente el objeto reconocido y lo sitúe frente a ella, sino un conocimiento que siente la esencia

---

[7] Tibetano, «rnam-shes-kyi phung-po».

del objeto idéntico a la esencia del contenido de la visión penetrante. La tradición tibetana dice que la visión superior es, respecto a su contenido, como una gota de agua que cae en el agua.

Teóricamente, la visión superior del momento de conciencia presente es perecedera. Pero como la esencia del momento de conciencia es idéntica a la esencia del «espíritu en sí» y esa esencia es siempre semejante a sí misma, la visión penetrante permanece también constante y por tanto imperecedera. El concepto *rang-rig* describe tanto esa introspección meditativa o visión-penetrante como la esencia del «espíritu en sí».

Asimismo, el capítulo siguiente hablará de los canales sutiles. No hay que confundirlos con el sistema nervioso al uso en la medicina occidental. Esos canales sutiles no son en absoluto datos somáticos, son unos conductos que representan las corrientes de vida, la estructura funcional de la vida. No puede descubrirse su existencia ni delimitarse con el bisturí, sino solo con la práctica de un yoga. Esto, naturalmente, le resulta poco comprensible al hombre acostumbrado a considerar la ciencia occidental como el único método de análisis posible. El sabio físico y premio Nobel C. F. von Weizsäcker ha tratado de medir y comprender los efectos del yoga sobre el cuerpo humano, según los métodos científicos occidentales. (C. F. von Weitzsäcker y Gopi Krishna: *Biologische Basis Religioser Erfahru*, Weilheim, 1971, p. 24 y ss.).

El texto presupone el conocimiento de la organización de esos canales sutiles a los que se alude. Por eso añadiría yo aquí: el cuerpo está atravesado por tres canales sutiles, uno central y dos laterales, uno a la izquierda y otro a la derecha. Semejantes a la estructura de un bambú, estos canales tienen unas separaciones horizontales que impiden que fluya libremente la corriente vital o la fuerza de la vida que está íntimamente unida al soplo de vida y, por tanto, a la respiración.

Durante la vida, estos tres canales sutiles están unidos de tal manera que la vitalidad no puede fluir libremente por ellos. Al morir, la vitalidad se libera y fluye por el canal sutil central. Como se indica en el texto, se da la vuelta al muerto para permitir al canal central liberarse de la contracción de los canales laterales.

(Ver Gesche Rabten: *The Preliminary Practices*. Library of Tibetan Works and Archives, Dharamsala, 1976, p. 13 y ss.). **(Fin del comentario)**.

Realización de la visión penetrante gracias al entrenamiento preliminar

Gracias a esta lectura numerosos seres ordinarios que, tras recibir enseñanzas y siendo inteligentes, no han logrado una realización, y todos los que han conseguido una realización, pero que no han practicado, reconocerán la luminosidad del espíritu cortocircuitando las experiencias del bardo, y se convertirán en el Cuerpo de Vacuidad no nacido, increado.

Método de aplicación de las técnicas. Es preferible que se encuentre presente el maestro al que se había confiado el difunto. Pero si no puede estar presente este maestro, un hermano del Dharma, que haya hecho los mismos votos, o, a falta de él, un hombre venerable instruido en la misma tradición, o cualquier persona capaz de leer claramente con voz articulada, debe leer varias veces la *Gran liberación por la escucha*[8]. Esto le recordará al moribundo lo que le ha enseñado su maestro espiritual y verá instantáneamente la luz fundamental y alcanzará la liberación sin la menor duda.

Momento de la aplicación. Cuando cesa la respiración exterior y afluye el soplo[9] al canal sutil central y aparece como luz el conocimiento, como lucidez del espíritu en la que nada se produce. Después el soplo escapa a los canales sutiles laterales de derecha e izquierda, y las impresiones del bardo se van elevando al espíritu. Así pues, antes de esa huida, debe leerse la *Gran liberación por la escucha*.

Duración de la aplicación. El período que abarca desde el instante en que cesa la respiración exterior hasta que se retira la corriente vital. Esto dura aproximadamente lo mismo que se tarda en consumir una comida.

Transferencia de la conciencia

Modo de aplicación. Se recomienda realizar la transferencia de conciencia cuando la respiración está a punto de detenerse. Se ayuda a quien no logra realizarla diciendo:

«Noble hijo (Fulano), ahora que tu respiración casi ha cesado, he aquí que ha llegado para ti el momento de buscar una vía, ya que la luz fundamental que aparece

---

[8] Thos-grol-chen-mo.

[9] Sánscrito, «präna, tibetano; «rlung».

en el primer estado intermedio va a aparecer. Ya tu lama te había mostrado esa luz, la Verdad en Sí (*Dharmata*) vacía y desnuda, como el espacio sin límites y sin centro, lúcido; es el espíritu virgen y sin mácula. Ha llegado el momento de reconocerlo. Permanece, pues, así en ella. Yo también te la haré descubrir».

¡Antes de que cese la respiración exterior, se repiten varias veces estas palabras al oído del moribundo para impregnar con ellas su espíritu! Después de eso, cuando la respiración está a punto de detenerse, se vuelve al difunto del lado derecho en la postura del león tumbado[10]. Esta posición impide la circulación del hálito en el canal de las emociones perturbadoras. Luego se comprimen con fuerza las dos arterias hasta que dejen de latir y sobrevenga una especie de estado de sueño[11]. Cuando el hálito (*Prana*) se ha retirado al canal sutil central, y ya no puede retornar a los canales laterales, entonces es seguro que sale por el orificio de Brahma[*]. Ahora, por medio de la lectura, se hace reconocer al muerto lo que se le apa-

---

[10] El cuerpo tumbado sobre el lado derecho, con el brazo ligeramente doblado bajo la mejilla. Las piernas extendidas, eventualmente un poco dobladas: es la postura en la que duermen los monjes budistas. En ese estado es como abandona el Buda la tierra y pasa al Nirvana perfecto.

[11] Este párrafo en tibetano es de difícil comprensión. Se ha establecido la traducción en función de las explicaciones de Gesche Lobsang Dargyay. Pero no ha podido nunca observar en el Tíbet a un lama aplicando esa compresión de las arterias.

[*] Brahmarandhra: orificio en el vértice del cráneo, a ocho dedos de la raíz del cabello. Es la puerta de acceso a la liberación del ciclo de las existencias.

rece: en este momento, aparece en el espíritu de todos los seres el primer bardo llamado la luminosidad de la Verdad en sí, el conocimiento del Cuerpo de Vacuidad, no desnaturalizado. En el intervalo que va del cese de la respiración exterior al cese de la corriente interna, el soplo se introduce en el canal central. Comúnmente se dice que la conciencia del muerto se ha desvanecido. La duración de ese proceso es variable. Depende de las capacidades físicas y espirituales del muerto, del estado de sus canales sutiles. Para aquellos cuyo espíritu está estabilizado en la práctica de Samatha*, y para aquellos cuyos canales sutiles están sanos, este instante puede durar mucho. Hay que continuar entonces celosamente la aplicación hasta que aparezca un líquido amarillento en las aberturas de los órganos. Para aquellos que están llenos de faltas y cuyos canales sutiles se hallan impuros, ¡ese instante no dura ni siquiera un chasquido de dedos! Para algunos, no dura más de lo que se tarda en consumir una comida. La mayoría de los sutras y de los tantras enseñan que se desvanece uno durante tres días y medio. En la mayoría de los casos, ese estado dura tres días y medio, durante los cuales hay que hacer reconocer con perseverancia la clara luz, luminosidad del espíritu.

---

* Samatha: La meditación que apacigua las emociones que perturban la lucidez del espíritu y le coloca en la estabilidad.

La disposición del espíritu de la vigilia

(**Comentario**). La disposición del espíritu de la vigilia (en sánscrito, *Bodbicitta)* es la característica del budismo Mahayana, en particular del Boddhisattva, que realiza esta disposición de espíritu de la vigilia gracias a su esfuerzo ético y espiritual. ¿En qué consiste, pues, esta disposición de espíritu? En pocas palabras, consiste en la firme intención de practicar el Dharma para la realización de todos los seres. Esta intención se funda en la compasión del Boddhisattva para la expansión de todos los seres. Para poder mostrar este camino de liberación, se necesita un saber muy extenso, tanto práctico como pedagógico. El Boddhisattva tiene que alcanzar por sí mismo la iluminación para poder enseñar a los seres de la mejor manera, a cada uno según sus propias capacidades. Como todos los adeptos del budismo Mahayana no tienen la fuerza moral y espiritual de poner su existencia personal totalmente al servicio de todos los seres, existe un estado preliminar consagrado al ejercicio de esa disposición de espíritu. A todos los seres, de todo corazón, se les desea alegría y paz, rechazando cuanto pudiera provocar sus sufrimientos. Cada mérito que se haya adquirido haciendo una buena acción para la salvación de alguien, se ofrece y dedica precisamente al bien de todos los seres. La persecución de esa meta muy elevada permite al adepto del Mahayana alcanzar la iluminación. (**Fin del comentario**).

Modo de aplicación: Si puede el muerto, utilizará él mismo las instrucciones antes dadas. Pero en el caso de que no tuviera fuerza, el lama, o un hermano espiritual con el que el muerto esté muy unido, ha de recitar junto a él estas palabras: «He aquí ahora la señal de que el elemento tierra se transforma en elemento agua, el elemento agua en elemento fuego, el elemento fuego en elemento aire, y el elemento aire en conciencia*. Así las señales externas se indican claramente en orden». Cuando los síntomas de la muerte están a punto de realizarse todos ellos, se exhorta al muerto a que alcance la disposición del espíritu de vigilia[12]. Murmurando suavemente a su oído, se dice: «Noble hijo (o si fuera un lama, Venerable Señor), no dejes que se distraiga tu pensamiento!». Si el moribundo fuese un hermano espiritual o cualquier otra persona, se lo llama por su nombre, diciéndole: «Noble hijo, has llegado ahora a lo que se llama la muerte, ¡adquiere la disposición del espíritu de vigilia de la forma siguiente!: "Ay de mí, ahora que me ha llegado la hora de la muerte, no quiero, gracias a la ventaja de esta muerte, sino despertar en mí el amor, la compasión y la disposición del espíritu de la vigilia. Quisiera, por el bien de todos los seres que se extienden

---

* *Sat Vijnana*: se trata literalmente de la conciencia fragmentaria característica del espíritu bajo el dominio de la ignorancia.

[12] Sánscrito, «bodhicitta»; tibetano, «sems-bskyed».

hasta los confines del espacio, alcanzar de este modo la perfecta vigilia y el desarrollo llamado estado de Buda. "Mientras así piensas y desarrollas el espíritu de la vigilia, en particular si quieres que tu muerte sirva al bien de todos los seres, tienes que reconocer al cuerpo de Vacuidad. En virtud de la naturaleza de esta luz, obtendrás la sublime culminación: el Gran Símbolo*, y será para el bien de todos los seres. Pero si no tuvieras que alcanzar la más alta realización, reconoce el estado intermedio como tal y realiza de ese modo la unión de lo que se percibe, es decir el bardo, y de quien lo percibe. Esta unión es el Gran Símbolo[13], y tu lograrás el bien de todos los seres que se extienden hasta los confines del espacio al aparecerse a ellos espontáneamente bajo la forma que conviene a la percepción de cada uno. Sin interrumpir por ello el pensamiento de la disposición del espíritu de vigilia, recuerda las prácticas de meditación que has ejercitado en vida».

Se pronuncia esto muy claramente al oído del muerto y se le ayuda a recordar sus ejercicios pasados para que no se distraiga ni un solo instante.

---

* El gran símbolo Mahamudra se llama así porque es propiamente inexpresable e indescriptible. Es la última realidad, la verdadera naturaleza de todas las cosas.

[13] Sánscrito, «mahamudra»: tibetano, «phyag-rgya-chen-mo». Digamos para simplificar, que esta expresión significa que la ausencia de un yo, el carácter perecedero y el sufrimiento están impresos como un sello en todos los fenómenos del mundo.

Visión penetrante de la luz fundamental

La visión penetrante es un conocimiento inmediato en el sentido propio de la palabra, es decir, sin intermediarios. Es, por tanto, intuitiva. La visión penetrante fundamental permite al muerto comprender que la luz es espíritu. Existen dos métodos para llegar a ello:

1) cuando se siente a la luz como Buda Amitabha;
2) cuando se vive la luz como *Yi-dam*.

Hay que utilizar aquí un concepto para el cual, desgraciadamente, no existe ninguna palabra europea apropiada. Ese concepto describe el genio innato del hombre, que está, por una parte, imbricado con el ser del hombre en lo más hondo de sí mismo, pero que por otra parte sobrepasa al hombre al que ayuda y guía manteniéndose junto a él. El Yi-dam envuelve a la naturaleza del hombre, impregna al individuo, pero al mismo tiempo lo sobrepasa por el hecho de que también participa de lo divino. Así, en el Tíbet suele representarse a los Yi-dams en actitudes aterrorizadoras, con muchos atributos del horror. Sin embargo, se los considera como Boddhisattvas profundamente bondadosos. Esta expresión terrorífica representa su deseo de ayudar al hombre cuanto antes y de guiar lo mejor posible. La relación entre el Yi-dam y el creyente está sellada por una consagración tántrica, iniciación tras la cual subsiste para siempre un vínculo íntimo entre ambos. Avalokitesvara aparece en el texto como Señor de Compasión o como aquel que es plenamente compasivo. Es uno de los grandes Boddhisattvas que, en su afán por mostrar a todos los hombres el camino de la liberación del sufrimiento, logran una perfección sobrehumana. Su compasión está omnipresente y, en virtud de una promesa que hicieron solemnemente en el pasado, ayudan a quien confía en ellos y solicita su auxilio. Un Boddhisattva solo puede influir sobre el creyente para que cambie su actitud interior y supere las tendencias negativas de su karma.

Cuando la respiración exterior se ha detenido por completo y se han comprimido con fuerza las arterias conectadas con el sueño, si se trata de un lama o de un amigo espiritual[14] (*kalianamitra* = maestro espiritual) más importante que quien habla, es pronunciar con claridad estas palabras: «Reverendo Señor, la aparición de la luminosidad fundamental* va a amanecer para ti. Reconócela como tal: te lo ruego, penetra en esa práctica». Se pide de esta manera. Para las demás personas, se dicen las palabras siguientes: «Noble hijo (Fulano), ¡escucha! Ahora la luminosidad, la clara luz de la verdad en sí, perfectamente pura, va a aparecerse a ti. Debes

---

[14] Título académico comparable al de «doctor en teología; en tibetano», «dge-bshes».

* Luminosidad: es lo que hace aparecer todo fenómeno, todo pensamiento, toda perfección, todas las cosas. Es la lucidez del espíritu hecha luz.

reconocerla. Oh noble hijo, tu conocimiento actual[15] es esencia, es precisamente esta vacuidad* deslumbrante. No está constituida por ninguna esencia, ningún color, ninguna sustancia. No tiene ninguna característica que pueda ser un punto de referencia. Es pura vacuidad. Esto es precisamente la Verdad en Sí, es el aspecto femenino del Buda Primordial, Samantabhadra[16]. Tu espíritu no es solo vacuidad, también es conocimiento no obstruido, luminoso, resplandeciente. Y este conocimiento es el aspecto masculino del Buda primordial, Samantabhadra. Tu espíritu, que no está constituido por nada, es, pues, por una parte, esa vacuidad, y, por otra, como lo conoce todo, es ese conocimiento. La unión de esa vacuidad y de esa lucidez es el Cuerpo de Vacuidad, el *Dharmakaya* de los Budas. Tu espíritu indisociable de la vacuidad y de la lucidez, esa gran masa luminosa, no nace ni muere. Es el Buda, Luz inimitable. Reconoce la esencia del espíritu, esa esencia inmaculada: es el Buda. Así debes ver tú tu espíritu. Es penetrar en el espíritu del Buda[17]».

---

[15] Tibetano, «ngo-bo»

* Vacuidad; es la total apertura del espíritu, el hecho de que esté vacío de toda característica limitativa.

[16] Buda femenino que realiza la más alta forma de realidad.

[17] Tibetano, «sangs-rgyas-kyi dgongs-pa». El concepto «contemplación» se toma aquí en cierto modo en el sentido heideggeriano de «quedar sin interrupción concentrado en». Lo que da cierta idea de esa budeidad increada.

Hay que repetir esto claramente, y articulando bien de tres a siete veces, primero para que el muerto recuerde las enseñanzas de su antiguo lama; segundo, para que reconozca la esencia pura de su propio espíritu, hecha luz, y tercero, para que, al reconocerse a sí mismo, se libere al no ser ni diferente del Cuerpo de Vacuidad, ni estar confundido con él. Así es como se libera uno, reconociendo la primera luminosidad.

Aunque se dude de que el muerto haya comprendido la primera luminosidad, se le aparece entonces lo que se llama la segunda luminosidad. Se requiere un poco más de tiempo del que se tarda en consumir una comida. La calidad del karma determina la manera en que el hálito, una vez ha penetrado en el canal sutil lateral de la derecha o de la izquierda, escapa por uno u otro de los orificios del cuerpo después de haber cesado la respiración exterior. Entonces aparece esa luminosidad, lo que provoca la claridad de la conciencia. Como ya se ha dicho, este estado dura lo que se tarda en consumir una comida, luego depende de la calidad de sus fibras sutiles y del grado de sus ejercicios espirituales. En este momento emerge la conciencia y el muerto no puede reconocer si está vivo o no. Al igual que antes, ve a sus parientes y oye sus llantos y sus lamentaciones. En ese intervalo —aún no se han dado las violentas apariciones debidas al karma y el miedo a los emisarios de la muerte— hay que dar instrucciones.

Hay que indicar aquí una diferencia entre aquellos que están especializados en la práctica de la fase de terminación[*] de la meditación[18] y aquellos que están especializados en la fase de desarrollo de la meditación[19]. Si el muerto ha practicado especialmente la fase de terminación, se lo llama tres veces por su nombre y se le recuerda la enseñanza de la luminosidad anteriormente explicada. Si ha practicado especialmente la fase de desarrollo, se le lee el texto de práctica del aspecto de Buda al que se había dedicado (Yi-dam): «Noble hijo, medita sobre tu Yi-dam[20], lleno de una potente aspiración, retorna a tu Yi-dam. Aparece, pero no tiene naturaleza propia, es inalcanzable y, sin embargo, ahí está, como el reflejo de la luna en el agua. Considera que esta divinidad carece de toda materialidad».

Así es como se enseña claramente la muerte. Si es un ser ordinario, se le dicen las palabras siguientes: «¡Medita sobre el Señor de la Gran Compasión (*Avalokitesvara*)!». Es seguro que, con semejante reconocimiento, no se dejará cegar por las ilusiones del estado intermedio.

---

[*] La fase de desarrollo de la meditación es aquella en el transcurso de la cual se desarrolla el conocimiento de que todo es la divinidad (el Yi-dam), y la fase de terminación de la meditación es aquella en que este conocimiento termina en la vacuidad.

[18] Tibetano, rdzogs-rim».

[19] Tibetano, «bskyed-rim».

[20] Tibetano, «yi-dam».

El estado intermedio del ser en sí

(*Comentario*). En el primer estado intermedio que sucede inmediatamente a la muerte, se puede caer en la peor inconsciencia, hasta el punto de que se pierde inútilmente la mejor posibilidad de visión penetrante de la verdadera esencia de la aparición después de la muerte. Durante esta primera fase después de la muerte, solo quienes cuentan con un entrenamiento serio y con una experiencia pueden ver la luz fundamental en toda su claridad. Son también capaces de hacer durar más tiempo ese estado, mientras que, para los demás, no dura, como dice el texto, más que el instante de chasquear los dedos.

La Verdad en Sí, que, en el primer estado intermedio, se revela como la luz fundamental invisible, se extiende entonces de cinco maneras diferentes. Las cinco sabidurías del Buda, que suelen describirse como las *Jinas,* se aparecen al muerto en una aureola de luz resplandeciente y deslumbrante. Para demostrar bien que el universo entero está contenido en esas cinco sabidurías, si es que el hombre es capaz de captarlo, cada uno de los cinco

Budas corresponde a una dirección particular del cielo, a un color, a un emblema, a una montura, a un elemento y un aspecto particular de la existencia, que dependen todos ellos de una dirección particular del cielo.

A cada Buda se le atribuirá una sabiduría característica, unido a una compañera femenina que le abraza. Así mismo, cada Buda irá acompañado de Boddhisattvas femeninos y masculinos. Pero todo esto sigue sin indicarnos todas las relaciones que corresponden a los cinco Budas. En efecto, estos comportan igualmente lo impuro, los cinco venenos: la ira-odio, la ignorancia, la envidia, el deseo-apego y el orgullo, que están sublimados en cinco sabidurías. Lo mismo ocurre con las cinco propiedades de la existencia (forma, sensación, percepción, impulsos, conciencia).

Esta representación se basa en un concepto del budismo tántrico: en toda experiencia excesiva, apasionada o ciega, está incluida la experiencia de su contrario, con tal de que esa experiencia sea lo suficientemente intensa y carezca de toda idea preconcebida del bien. Así es como hay que entender todos los aparentes absurdos que contienen las biografías de los místicos tantristas que cometen los actos más impuros y al mismo tiempo están llenos de pureza. El tantrismo pretende de esta manera convertir en experiencia existencial la filosofía de la enseñanza Madhyamika, que, a causa de su relatividad, ve resquebrajarse cada faceta de un fenómeno. El cuadro que incluimos a continuación trata de dar una visión general de este concepto de las cinco sabidurías de los Budas.

La visualización de cada Buda va seguida de oraciones que utilizan dos metáforas que podrán sorprender en un principio. Se trata de la luz irradiada por el Buda, comparada con un gancho. Esta imagen procede de la iconografía hindú y significa el gancho de un cornac. Este accesorio es también el atributo de los dioses hindúes, puesto que el dios guía al hombre más allá de las desgracias y de los peligros, igual que el cornac con su gancho va guiando al elefante. En este sentido, se utiliza aquí lo de «gancho de la liberación».

Cuando, al final de la visualización, se pide ayuda al Buda, significa que la compañera femenina del Buda «está invitada a empujarme por detrás». Efectivamente, los tibetanos gustan de representarse el paso por el estado intermedio como una experiencia peligrosa por montañas, precipicios y gargantas profundas. La ayuda del Buda se simboliza por una imagen parlante. El Buda está en pie junto a un precipicio con su gancho liberador. Con compasión, retira del abismo del estado intermedio al ser. Mientras que la madre-divina (Yum), que está unida al Buda, empuja por detrás para que se salve el ser. Por delante y por detrás, flanqueado por una gran ayuda, el muerto puede de este modo, y sin temor y con confianza, ponerse en manos de su guía el Buda. (*Fin del comentario*).

Cuadro del pentáculo de los budas de la ecuanimidad

Nombre del Buda:	Vairocana	Aksobhya	Ratnasam-bhava	Amitabha	Amoghsiddhi
Su color:	Blanco	Azul	Amarillo	Rojo	Verde
Su paredro:	Akasadhatesvari	Buddalocana	Mamaki	Pandaravasini	Samayatara
Emoción perturba-dora que transmite:	Ignorancia	Ira-odio	Orgullo	Deseo-apego	Envidia
Supremo conocimiento correspondiente:	Esfera de todo objeto de conocimiento	Sabiduría semejante al espejo	Ecuanimidad	Discriminación	Realización espontánea de los actos
Emblema:	Rueda	Vajra	Joya	Loto	Doble vajra
Los cinco Agregados que forman la individualidad:	Conciencia	Forma	Sensación	Concepción	Impulsos
Estados del ser de los que libera:	Dioses	Estados infernales	Humanos	Espíritus ávicos	Titanes o antidioses

Introducción

Aquel que tiene poco entrenamiento espiritual no puede alcanzar ninguna claridad en el estado intermedio, aunque, en vida, un lama haya dado las enseñanzas precisas. Por eso tiene que ayudarle un lama o un hermano espiritual. Esta lectura es también necesaria para aquel que, a causa de una enfermedad violenta, está trastornado hasta el punto de que no puede rememorar su enseñanza anterior, aunque la hubiera seguido con asiduidad. Y aquel que antes tuvo un dominio grande de la enseñanza espiritual, pero luego rompió su vínculo iniciático con su lama, tiene ineludible necesidad de lectura, puesto que desde que faltó a su voto inviolable forma parte de los que tendrán que padecer nuevamente un estado de existencia desgraciado.

Lo mejor es reconocer la luz desde el primer estado intermedio. Si el muerto no la reconoce, quedará liberado en el segundo estado intermedio, siempre y cuando se despierte su conciencia con una lectura clara. En el segundo estado intermedio, llamado el *puro cuerpo ilusorio*[21], el espíritu muy claro permanece en la incertidumbre de estar vivo o no.

Si el muerto comprende entonces la enseñanza, reconoce a la Verdad en Sí-Madre uniéndose a la Verdad en Sí-Hijo*. El karma nada puede cambiar. Así por ejemplo, igual que los rayos del sol disipan las tinieblas, la clara luz de la vida espiritual disipa la potencia del karma y se alcanza la liberación. Entonces surge para el cuerpo-mental[22] el segundo estado intermedio. La conciencia del muerto se desplaza errante en torno al cadáver y puede escuchar. Si en ese momento el muerto comprende la enseñanza, entonces se ha alcanzado el propósito. Como todavía no han aparecido las ilusiones del karma, aún se puede influir para bien en el muerto.

El muerto quedará liberado si reconoce la luz del segundo estado intermedio, aunque no haya reconocido la luz fundamental. Pero si no queda liberado, pasa entonces al tercer estado intermedio. Es el bardo en donde aparece la Verdad en Sí, el bardo de las apa-

---

[21] Tibetano, «sgyu-lus»; cuerpo no material que procede de una sublimación de los constituyentes del cuerpo, en el momento de la muerte, y que asegura la continuidad espiritual entre las sucesivas existencias.

* La verdad en Sí-Hijo es una realización a la que se ha llegado en vida. La verdad en Sí-Madre es la que es tal desde siempre.

[22] Tibetano, «yid-kyi-lus».

riencias ilusorias producidas por el karma. Hay que leer entonces obligatoriamente: *La gran visión penetrante del estado intermedio de la Verdad en Sí*[23], ya que este tratado tiene una acción benéfica. En ese momento, los allegados al muerto lloran y se lamentan, le retiran su parte de alimento, se llevan sus ropas, disponen de su cama. Oye sus llamadas, pero ellos a él no lo oyen. Por eso se va con melancolía.

Existen seis clases de estados intermedios o bardos, a saber:

   —el estado intermedio del reino de la existencia;
   —el estado intermedio del sueño;
   —el estado intermedio de la meditación profunda;
   —el estado intermedio de la muerte;
   —el estado intermedio de la Verdad en Sí;
   —el estado intermedio del devenir[24] (aparición de todos los factores interdependientes).

«Noble hijo, ahora vas a experimentar tres estados intermedios, el de la hora de la muerte, el de la Verdad en Sí y el del devenir. Hasta ayer, estabas en el bardo del momento de la muerte, y aunque se haya aparecido a ti la

---

[23] Chos-nyid bar-do'i ngo-sprod chen-mo.

[24] Solo intervienen después de la muerte los estados intermedios 1.º, 4.º, 5.º y 6.º. El 1.º describe la fase embrionaria. El 4.º corresponde al que se describe en la I parte, y el 5.º es aquel de que habla precisamente nuestro texto. El 6.º es el del devenir del que se hablará en la III parte. La palabra «dependencia» alude a la concepción, que se realiza dentro de la dependencia a causa de los factores del nacimiento (pratityasa-mutpāda).

luminosidad de la Verdad en Sí, no la has reconocido. Por eso tienes que volver a vagar por aquí. Pero ahora vas a experimentar el estado intermedio de la Verdad en Sí y el del devenir. Reconoce sin distracción todo cuanto te enseño.

»Noble hijo, lo que llamamos la muerte ha llegado para ti. Tienes que irte más allá de este mundo. Esto no solo te ocurre a ti. Es el destino de todos. No te aferres a esta vida. Aunque te agarres a ella, no tienes poder para permanecer aquí. No te queda sino errar en el ciclo de las existencias. No te aferres. Recuerda a los Tres Raros y Sublimes.

»Noble hijo, aunque te asuste o te espante la aparición del estado intermedio de la Verdad en Sí, no olvides estas palabras. Sigue adelante, imprégnate del significado de estas palabras. Este es un punto clave de la enseñanza:

> *"¡Ay de mí!, mientras aparece en mí el estado intermedio de la Verdad en Sí y he rechazado al miedo y a la angustia, tengo que reconocer como proyecciones mías todo cuanto se eleva: la manifestación del bardo. Llegado a ese momento tan importante, ojalá no tema a las legiones de las divinidades pacíficas e iracundas que son mis propias proyecciones".*

»Mientras se pronuncian estas palabras con voz clara y bien articulada, su significado se actualiza en tu corazón. No lo olvides, ya que el sentido de esta enseñanza es que reconozcas en cada una de las apariciones, por horrible que sea, la manifestación de tus pensamientos.

»Noble hijo, ahora que se separan tu cuerpo y tu espíritu, la auténtica apariencia de la Verdad en Sí se te muestra sutil, clara, luminosa, espléndida, impresionante incluso, semejante al centelleo de un espejismo sobre una llanura en verano. No temas nada, no te asustes, no tengas miedo. Es la irradiación de su realidad misma, reconócela. Un potente ruido retumba en el centro de esa luz. Es el sonido de la Verdad en Sí, terrible y vibrante como mil truenos. Es el sonido propio de tu verdad misma. No tienes que temerlo. ¡No te asustes, no tengas miedo!

»Dispones de lo que se llama el cuerpo-mental[25] procedente de las tendencias inconscientes* de tu espíritu. Como ya no tienes cuerpo de carne y de sangre, nada tienes que temer de los sonidos, de la luz y de las radiaciones que llegan a ti, puesto que no puedes morir. Solo tienes que reconocerlos como las manifestaciones de tus propias proyecciones. Sabe que es el bardo. Así, ¡oh noble hijo!, si no reconoces todo esto como tus propias proyecciones, cualesquiera que hayan sido las prácticas que hayas realizado en tu vida entre los hombres, si no encuentras estas enseñanzas, tendrás miedo de las luces, te asustarán los sonidos y te espantarán las irradiaciones. Si no conoces la clave de las instrucciones, no reconoce-

---

25 Tibetano, «yid-kyi-lus».

* Los actos que se realizan dejan un impacto en el espíritu; las tendencias inconscientes que determinan las percepciones y nos empujan a actuar.

rás los sonidos, las luces y las irradiaciones, y vagarás en el ciclo de las existencias[26]».

Visión de las divinidades apacibles

Visión de Vairocana

«Noble hijo, desde hace tres días y medio permaneces en la inconsciencia. Ahora que sales de esa inconsciencia, he aquí cuales serán tus pensamientos: "¿Qué me ha ocurrido?". Por eso has de reconocer que estás en el estado intermedio. En ese momento se invierte el ciclo de las existencias[27] y todo aparece como luz y cuerpo de las divinidades. Los cielos te parecen de un azul claro.

»Sí la visión de Vairocana, el Altísimo, se manifiesta ahora en ti. Desde el Reino Celestial Central, llamado la difusión de los granos de luz[28], está sentado en el trono del León, de color blanco, teniendo en su mano la rueda de ocho radios y enlazando a la madre divina[29], Akasadhatesvari, soberana del espacio celeste. Están boca contra boca. Una vez purificado el agregado de contienda, la luz azul claro que es la sabiduría fundamental de la esfera de

---

[26] Tibetano, «'khor-ba, samsāra».

[27] Ru-long. No se encuentra en ningún diccionario. Se traduce en función de las explicaciones de rNying-ma-pa y de bka'-brgyud-pa.

[28] Tibetano, «thig-le-bdal-ba».

[29] Tibetano, «yum».

todo objeto de conocimiento[30], surge ante ti, clara, transparente, brillante y luminosa. Desde el corazón del divino Vairocana y de la madre, esa luz te hiere tan súbitamente que tus ojos apenas pueden resistir su resplandor.

»Acompañando a esta luz, verás un tenue resplandor del mundo de los dioses, blancuzco y opaco. A causa de tu mal karma, pretenderás, en ese momento, huir de la luz azul claro, resplandeciente, que es la sabiduría de la esfera de todo objeto de conocimiento. Sentirás miedo y angustia. Por el contrario, la tenue luz del mundo de los dioses te atraerá de modo agradable... En ese momento no tienes que temer a la luz azul claro brillante y transparente; es la luz de la suprema sabiduría. ¡No temas nada! Se le llama la luz del Tathagata[*], es la luz fundamental de la esfera de todo objeto de conocimiento. Deposita en ella tu fe, abandónate a ella; piensa que es la luz de la compasión de Baghavan[**].

Vairocana. ¡Suplícale! El Baghavan Vairocana ha venido a sacarte de los pasos difíciles del estado intermedio. Es la luz de la compasión de Vairocana. No aspires al resplandor del mundo de los dioses, blancuzco y opaco,

---

[30] Tibetano, «chos-kyi-dbyings-kyiye-shes».

[*] Tathagata: nombre del Buda que significa «el que se marchó así», también significa «en su esencia».

[**] Baghavan: tibetano, «chom den dai»; lit., «que ha subyugado (*chum*) a todos los demonios (emociones perturbadoras, etc), y que posee (*den*) todas las cualidades y la felicidad que está más allá (*dai*) del ciclo de las existencias y de la quietud».

no aspires a él, no lo desees, no te aferres a él. Si te aferras, errarás por los estados divinos, girando en los seis estados de existencia[31], este resplandor blancuzco es un obstáculo a la vía de la liberación; no vuelvas, pues, tu mirada hacia él; mira a la luz azul claro, brillante, llámala y, lleno de aspiración hacia Vairocana, pronuncia esta plegaria con fervor, repitiéndola después de mí:

> *"¡Ay de mí! Ahora que estoy errando a causa de mi profunda ceguera en el ciclo de las existencias, ¡que el Baghavan Vairocana me guíe hacia adelante en el camino de luz que hace aparecer la sabiduría de la esfera de todo objeto de conocimiento! Que su sublime paredro Akasadhatesvari soberana del espacio celeste) me empuje por detrás. Liberadme del camino peligroso de los miedos del estado intermedio y conducidme hasta la budeidad perfecta".*

»Tras recitar esta oración con profunda veneración, disuelves los colores del arcoíris[32] surgidos del corazón de Vairocana y de su paredro. Y en el Reino Celestial Central, llamado el Profundo Despliegue[33], te convertirás en Buda en el Cuerpo de Gozo[34] (de todas las cualidades)».

---

[31] Tibetano, «rigs-drug»: sánscrito, «sadgat». Son los dioses, los dioses luchadores, los humanos, los animales, los espíritus sedientos y los habitantes de los infiernos.

[32] Tibetano, «'ja-'od».

[33] Tibetano, «stug-po-bkod-pa».

[34] Tibetano, «longs-spyod-rdzogs-pa'i sangs-rgyas».

Visión de Vajrasattva Aksobhya

«A causa de tus actos perjudiciales y de los velos que cubren tu espíritu, espantado por la luz huyes y, a pesar de tu plegaria, estás sumido en la confusión. El segundo día, las legiones celestes de Vajrasattva y los actos perjudiciales del estado infernal acudirán entonces a tu encuentro».

Luego, para conducir al muerto a la visión penetrante, se lo llama por su nombre, pronunciando las siguientes palabras:

«¡Noble hijo, escucha sin distracción! Una luz blanca que es la sublimación del elemento agua se te aparece el segundo día, simultáneamente con la visión del Altísimo Vajrasattva Aksobhya del Reino Azul luminoso del Este llamado Actualización de la Alegría[35]. Vajrasattva de cuerpo azul, lleva en la mano el vajra de cinco ramas y está sentado sobre un elefante; está boca contra boca con la madre divina, Buda Locana. Están rodeados de los Boddhisattvas masculinos Ksitigarbha y Maitreya y de los Boddhisattvas femeninos Lasya y Puspa. Así se te aparecerán estos seis aspectos de Buda.

«La *Sabiduría* fundamental[36] *semejante al espejo y* agregado de la forma purificada es una luz blanca transparente y deslumbrante que surge del corazón del divino padre Vajrasattva y de su paredro. Te deslumbra hasta

---

[35] Tibetano, «mngon-par-dga-ba».

[36] Tibetano, «me-long lta-bu'i ye shes».

el punto de que no puedes mirarla. Un resplandor gris apagado como el humo te llega simultáneamente a ese resplandor blanco de la sabiduría fundamental. A causa del odio y de la ira que llevas dentro de ti, te asustará la luz blanca y querrás huir. Por el contrario, te sentirás atraído por la tenue luminosidad tenebrosa gris humo. Es en ese momento cuando no tienes que temer a la luz blanca, a la claridad resplandeciente, sino al contrario, reconocerla como la luz de la sabiduría fundamental. Deposita en ella tu fe y abandónate a ella. Es la irradiación de la compasión del Baghavan. Piensa con fe: «¡En ella me amparo!». Dirige a ella tus plegarias, pues es el Baghavan Vajrasattva que ha venido para liberarte del temor y del terror del estado intermedio. Llama a esa luz, es el gancho de los rayos de la compasión de Vajrasattva con el que te salva. No te dejes atraer por la tenue luz tenebrosa gris humo, es el camino que se te ofrece procedente de tus malas acciones y de los velos que cubren tu espíritu, acumulados por una violenta ira. No te aferres a ella, pues caerás en los estados infernales, en los que padecerás sufrimientos y penalidades intolerables, sin que llegue rápidamente la hora de salir de ellos. Es un obstáculo en la vía de la liberación. Por ello no te dejes atraer por todo eso, no lo mires, no te apegues a ello, abandona tu ira, tu odio. Pon tu esperanza en la luz blanca, clara, transparente y resplandeciente. Dirígete, lleno de devoción, al Baghavan Vajrassattva y pronuncia esta oración:

«¡Ay de mí, mientras voy errando a causa de mi profunda ira-odio, por el ciclo de las existencias, en el camino de la luz que hace aparecer el supremo conocimiento semejante al espejo, que me guíe el Baghavan Vajrasattva y que la madre divina Buda Locana me empuje por detrás. Os lo suplico, libradme de los horribles abismos del sendero del estado intermedio. Conducidme hacia la pura y perfecta budeidad».

»Pronunciando esta plegaria con gran fe y profunda devoción, se disuelve uno en la luz de arcoíris del corazón del Baghavan Vajrasattva. Y en el Reino Celeste Oriental llamado Actualización de la Alegría, te convertirás en Buda en el Cuerpo de Gozo (de todas las cualidades)».

Visión de Ratnasambhava

Aquellos de poderoso orgullo y que, tras haber cometido numerosas malas acciones, tienen velos espesos en su espíritu, quedarán espantados por los ganchos luminosos de la compasión de los Budas y huirán a pesar de la oportunidad que tenían de obtener la visión penetrante. Por esa razón, al tercer día, las legiones celestiales de Ratnasambhava, y el camino de luz que conduce al estado humano, se presentan al mismo tiempo al muerto. Se trata nuevamente de llevarlo a la visión penetrante.

Se lo llama por su nombre, diciendo:

«Noble hijo, escucha sin ninguna distracción. Ahora que ha llegado el tercer día, brillará una luz amarilla que es el aspecto puro del elemento aire. En ese momento, procedente del Reino Celeste del Sur, llamado la Gloria Resplandeciente, aparece el Baghavan Ratmasambhava de color amarillo, portando en la mano una joya preciosa y sentado en un trono magnífico hecho de caballos. Está boca contra boca con la madre divina Mamaki. Está rodeado de Boddhisattvas masculinos, Akasagarcha y Samantabhadra, y de los Boddhisattvas femeninos Mala y Dhupa. De la esfera de luz[37] de rayos y de arcoíris se te aparecerán los seis aspectos de Buda. El agregado de la sensación purificado en la vacuidad es la luz amarilla, el supremo *conocimiento de la ecuanimidad*[38]. Brilla con el esplendor de la acumulación de numerosos granos de luz indefinidamente ordenados unos dentro de otros. Su claridad es tan brillante que el ojo no puede mirarlos. Esta luz amarilla que procede del corazón del divino padre Ramasambhava y de la madre divina te llega tan directamente que no puedes soportar su visión. Simultáneamente con esa luz de sabiduría, el resplandor azul del estado humano se llega al corazón. Debido a tu orgullo, te sientes atraído por él, y eso suscita tu temor de la luz amarilla radiante y espléndida hasta el punto de que querrías huir. Pero mientras sientes alegría e inclinación por ese resplandor azul apagado, no tienes

---

[37] Tibetano, «'od-kyi klong».

[38] Tibetano, «'mnyam-pa-nyid-kyi ye-shes».

que temer precisamente a la luz amarilla clara, transparente y radiante, sino reconocer en ella a la sabiduría fundamental. Deja que tu espíritu permanezca en ella en el no-actuar[39], o bien llénate de aspiración y de fe hacia ella. Si la reconoces como resplandor inherente a tu propio espíritu, aunque no sientas ni aspiración ni adoración por ella, e incluso si no pronuncias una oración, te disolverás y quedarás inseparablemente unido a los Cuerpos de los Budas y a su luz, y así te convertirás en Buda. Pero si no reconoces esa luz como irradiación fundamental de tu propio espíritu, reza entonces con profunda veneración, diciendo: "Esta es la radiación de la compasión de Baghavan Ramasambhava, en quien me amparo". Venera el gancho de la luz de compasión de Baghavan Ramasambhava. No te dejes atraer por la tenue lucecilla azul del estado humano. No encuentras alegría en ella. Es el camino desdichado de tus inclinaciones latentes acumuladas por tu orgullo, que te sale al encuentro. Si te aferras a ella, caerás en la existencia humana en la que estás seguro de sufrir el nacimiento, la vejez, la enfermedad y la muerte, sin esperanza de liberación. No vuelvas tu mirada hacia ese obstáculo a tu liberación. En ese momento, abandona tu orgullo y tus inclinaciones latentes. No te aferres, no te agarres a ese resplandor. Llénate de aspiración hacia la resplan-

---

[39] Tibetano, «byar-med».

deciente luz amarilla clara y luminosa; concentrándote en Baghavan Ratnasambhava, pronuncia esta plegaria:

> *"Ay de mí, ahora que estoy errando en el ciclo de las existencias bajo el poder de un orgullo violento, ahora que, en el camino de la luz que hace aparecer la sabiduría fundamental de la ecuanimidad, el Baghavan Ratnasambhava me guía y su sublime paredro Mamaki me empuja por detrás, libradme del sendero vertiginoso de los miedos del estado intermedio y conducidme a la budeidad pura y perfecta".*

»Al terminar esta plegaria con perfecta devoción, quedas disuelto en luz de arcoíris del corazón de Baghavan y de su paredro. Y en el Reino Celestial del Sur, llamado la Gloria Resplandeciente, alcanzarás el estado de Buda en el Cuerpo de Gozo (de todas las cualidades). Llegado así a la visión penetrante, quedarás sin duda liberado, por modesta que sea tu aptitud».

Visión de Amitabha

Mas existen hombres que siguen sin conseguir la visión penetrante, aunque ya hayan estado confrontados con ella varias veces, ya sea porque han roto sus votos iniciáticos, ya sea porque han cometido grandes actos perjudiciales. Agitados por esas malas acciones, por los velos que cubren su espíritu y sus deseos, se asustarán de los sonidos y de la luz, y escaparán. Por eso, al cuarto día, las legiones celestes de Baghavan Amitabha, y al mismo tiempo la luminosidad del estado de los espíritus ávidos[40], constituidos por el deseo y la avaricia, vienen al encuentro del muerto.

De nuevo, el muerto debe alcanzar la visión penetrante. Se lo llama por su nombre, diciendo:

«Noble hijo, escucha sin distraerte. Al cuarto día se te aparece la luz roja, que es la forma sublimada del elemento fuego. En ese momento, en el Reino Celeste del Oeste, llamado los Campos de Felicidad[41], Baghavan Amitabha se te aparece de color rojo, sentado en un trono de pavo real, llevando en la mano la flor de loto, boca contra boca con la madre divina Pandaravasini, vestida de blanco.

»Van acompañados de los dos Boddhisattvas masculinos, Avalokitesvara y Manjusri, y de los dos Boddhisattvas femeninos, Kirti y Aloka, de tal manera que en la extensión de la luz de arcoíris se te aparecen los seis aspectos de Buda. El agregado de concepción, purificado de por sí[42], es una luz roja, la luz del supremo *conocimiento discriminativo* que brilla espléndida y constelada de granos luminosos unos dentro de otros, y surge del corazón de Amitabha, el padre divino, y del corazón de la madre divina; lanzando sus rayos, que a ti casi te resultan insoportables, te llega al corazón.

---

[40] Tibetano, «yi-dvags»; sánscrito, «preta».

[41] Tibetano, «bde-ba-can»; sánscrito, «sukhavati».

[42] Tibetano, «so-sor-rtogs-pa'i ye-shes».

»Pero simultáneamente, con esa luz de la sabiduría, aparece el tenue resplandor amarillo del mundo de los espíritus ávidos. No te sientas atraído por él, renuncia a todo apego. En ese momento, bajo el violento imperio de tus deseos y de tus afectos, espantado por la deslumbrante luz roja, huirás de ella. Y te atraerá la luz amarilla del mundo de los espíritus ávidos. ¡En ese momento no tengas miedo de la luz roja de irradiación luminosa, reconoce al contrario, que es la sabiduría fundamental! Deja entonces que tu espíritu se relaje en ella profundamente, permaneciendo en el no actuar, o ten confianza y llénate de aspiración. Si la reconoces como radiación tuya propia, aunque no hayas practicado la devoción y no hayas pronunciado la oración, te fundirás en esa luz y en ese cuerpo y te convertirás en Buda.

»Si no sabes hacer eso, ruega con celo y devoción, pensando: "¡Esta es la luz de compasión de Amitabha. En el me amparo!". He aquí el gancho de la liberación de la compasión de Amitabha. Lleno de veneración, abandónate en él. No huyas de esa luz; aunque huyeras, no podrías separarte de ella. ¡No temas!

»No te dejes atraer por la tenue luz amarilla del mundo de los espíritus ávidos. Ese resplandor es el camino que te han trazado todas tus tendencias inconscientes acumuladas bajo el poder de tus violentos deseos y afectos. Si te dejas atraer, caerás en los estados de existencia de los espíritus ávidos y estarás atado por los intolerables sufrimientos del hambre y de la sed. Como eso es un obstáculo a la vía de la liberación, no aspires a ello, sino, al contrario, renuncia a esa inclinación. No te dejes atraer, abandónate a la luz roja de claridad radiante. Concentrándote en Amitabha el Baghavan y su paredro, pronuncia esta oración:

> *"Ay de mí, ahora que estoy errando por el ciclo de las existencias, a causa de mis violentos deseos y atracciones, ¡que en el camino de luz que hace aparecer la discriminación, me guíe el Baghavan Amitabha y que su sublime paredro Pandaravasini me empuje por detrás! Os lo ruego, salvadme de este sendero vertiginoso de los miedos del bardo, conducidme a la budeidad pura y perfecta".*

»Tras recitar esta oración con devoción, te disuelves en la luz de arcoíris del corazón del Baghavan Amitabha y su paredro. Y en el Reino Celeste del Oeste, llamados los Campos de Felicidad, te convertirás en Buda en el Cuerpo de Gozo de todas las cualidades. No es posible no quedar liberado de este modo».

Visión de Amoghasiddhi

Aunque se quiera de esta manera llevar al muerto a la visión penetrante, sigue habiendo seres que se asustan de los sonidos y de las luces a causa de sus inclinaciones latentes y de sus largos hábitos, de su envidia y de sus actos perjudiciales. Debido a que no pueden renunciar a sus inclinaciones latentes, no les ha salvado el gancho de la liberación de la compasión, y tienen que errar hasta el quinto día del estado intermedio. En ese momento llegan las legiones celestes de Amoghasiddhi el Baghavan, lanzando los rayos luminosos de su compasión para acoger al muerto. Mas el sendero de la luz de Asura, nacida de la emoción perturbadora que es la envidia, se abre ante él. Aún está a tiempo de llevar al muerto a la visión penetrante llamándolo por su nombre, y diciendo:

«¡Noble hijo, escucha sin distraerte! Al quinto día aparece la luz verde de la forma sublimada del elemento aire. En ese momento, en el Reino Celeste del Norte, llamado la Acumulación de Actos Excelentes[43], aparece el Baghavan Amoghasiddhi, de color verde, con las divinidades de su entorno; sostiene el doble *vajra* cruciforme. Está sentado en el magnífico trono de las águilas, boca contra boca con la madre divina Samayatara. Está rodeado de dos Boddhisattvas masculinos, Vajrapani y Avarananishambhin, y de dos Boddhisattvas femeninos, Gandha y Nirtima, de forma que de la esfera de arcoíris aparecen seis aspectos de Buda. El agregado de impulso[44] es, en su pureza de base ,una luz verde. Es el supremo *conocimiento de la realización espontánea* de los actos, deslumbrante, verde, luminosa, clara, violenta y espantosa, constelada de granos de luz unos

---

[43] Tibetano, «rab-brtsegs-pa» por «las-rab-rdzogs-pa, como al final de este párrafo.

[44] Tibetano, «bya-ba-grub-pa'i ye-shes».

dentro de otros. Surge del corazón de Amoghasiddhi y de su paredro, y le llega al fondo del corazón. Tu ojo apenas puede soportar su luz. ¡Nada temas! Es el despliegue de las potencialidades inherentes al supremo conocimiento de tu espíritu que se conoce a sí mismo. Permanece sin actuar en la ecuanimidad en la que no hay afecto ni aversión parcial. En ese momento aparecen las radiaciones luminosas de la sabiduría fundamental con el tenue resplandor rojo del mundo de los Titanes de los Asuras, engendrado por la envidia. Medita sobre la ecuanimidad sin afecto ni aversión. Pero si eres débil, no te dejes atraer por ese resplandor. En ese instante, a causa de tu fuerte envidia, te va a espantar esa luz verde resplandeciente y querrás huir de ella. Y mientras te dejas atraer por la tenue luz roja del mundo de los titanes, no te espantes de la luz verde de radiante claridad, brillante y transparente. Por el contrario, reconoce en ella la sabiduría fundamental. Relájate profundamente en ella, dejando reposar tu espíritu en el no-actuar, más allá de toda intelección o bien, pensando con fe y devoción: "¡Esta es en verdad la luz de la compasión de Amoghasiddhi! ¡En él me amparo!".

»Y precisamente porque esa luz de la compasión de Amoghasiddhi se presenta como un gancho de liberación, que se llama la sabiduría fundamental de la realización espontánea de los actos, venera a esa luz. No huyas de ella. Aunque huyeras de ella, no podrías apartarte. Nada temas, no sientas ninguna atracción por el resplandor rojo del mundo de los Titanes. Es el camino que te han trazado todos tus actos realizados bajo una violenta envidia. Si te aferras a ella, caerás en el mundo de los Titanes, en el que padecerás intolerables sufrimientos, combates, disputas. Este es el obstáculo que te cierra el camino de la liberación. Por eso, no te dejes coger en él. Renuncia a esa envidia. Abandona tus tendencias inconscientes. Venera con celo la luz verde de radiante claridad, y pronuncia esta oración mientras te concentras totalmente en el Baghavan Amoghasiddhi y su paredro:

> *"¡Ay de mí!, en el momento en que estoy errando por el ciclo de las existencias, bajo el poder de una poderosa envidia, que es la vía de la luz que hace aparecer la sabiduría de la realización espontánea de los actos, me guíe el Baghavan Amoghasiddhi y que su sublime paredro me empuje por detrás.*
> *Os ruego me salvéis del peligroso sendero de los miedos del bardo, y que me conduzcáis a la Budeidad pura y perfecta".*

»Luego de pronunciar estas palabras con profunda devoción, te disuelves en la luz de arcoíris del corazón de Baghavan y de su paredro. En el Reino Celeste del Norte, llamado el Perfeccionamiento de las Acciones Excelentes[45], llegarás a ser un Buda perfecto en el Cuerpo del Gozo de todas las cualidades».

---

[45] Tibetano, «rab-rdzogs-pa», variante de «rab-brtsgs-pa» y «las-rab-rdzogs-pa».

Así, el muerto ha tenido diferentes ocasiones de llegar a la visión penetrante; por poca que sea la afinidad que tenga con estas enseñanzas, si no las reconoce la primera vez, las reconocerá después. Es imposible que no quede liberado.

Visión de las cinco familias del Buda[46]

A pesar de haber sido confrontado numerosas veces con la visión penetrante, el que se ha dejado gobernar largo tiempo por sus inclinaciones, y que está poco habituado a la visión pura del supremo conocimiento, se deja arrastrar por sus tendencias inconscientes. Al no haber sido enganchado por el gancho luminoso de la compasión del Buda, espantado, es arrastrado por el torbellino de sus ilusiones. Y al sexto día, simultáneamente, aparecen los divinos padre y madre de las cinco familias de la realización espiritual[47], acompañados por sus legiones celestes. En ese momento, las seis luces de los seis estados del ser aparecen asimismo.

Para llevar al muerto a la visión penetrante, se lo llama por su nombre, diciendo:

«Noble hijo, escucha sin distraerte. Hasta ayer, te has dejado asustar por tus malas inclinaciones, aunque yo te haya guiado en el reconocimiento de las cinco familias

---

[46] Sánscrito, «pañcatathagata».

[47] Tibetano, «rigs-lnga yab-yum».

de Budas. Por eso permaneces aún ahí en el bardo. Pero si hubieras reconocido antes que la radiación propia al supremo conocimiento de las cinco familias es tu propia proyección, al haberte disuelto tú en luz de arcoíris en el cuerpo del Buda de cada una de esas cinco familias, te habrías convertido en Buda en el Cuerpo de Gozo del perfeccionamiento de todas las cualidades. Pero como no te has reconocido, tienes que seguir errante. Pero mira ahora delante de ti. Es la aparición de las cinco familias completas y la de la unión de los supremos conocimientos. Reconócelo al fin.

»Noble hijo, la luz de cuatro colores de los cuatro elementos sublimados amanece para ti. En este momento, en el Reino Celeste Central, llamado el Despliegue de Fuente Luminosa[48], el Altísimo Vairocana, el divino Padre-Madre, se te aparece como antes. Del Reino Celeste del Este, llamado Actualización de la Alegría[49], se te aparece el Buda Vajrasattra, el divino Padre-Madre. Del Reino Celeste del Sur, llamado la Gloria Esplendorosa[50], se te aparece el Buda Ratnasambhava, el divino Padre-Madre. Del Reino Celeste del Oeste, llamado los Campos de Felicidad[51], o el montón de Loto, se te aparece el Buda

---

[48] Tibetano, «thigh-le-brdal-ba».

[49] Tibetano, «mngon-par-dga'-ba».

[50] Tibetano, «dpal-ldan-pa».

[51] Tibetano, «bde-ba-can».

Amitabha, el divino Padre-Madre. Del Reino Celeste del Norte, llamado el Perfeccionamiento de los Actos Excelentes[52], se te aparece, en una gran extensión de luz de arcoíris, el Buda Amoghasiddhi, el divino Padre-Madre.

»Oh, noble hijo, en torno a las divinidades Padre-Madre de las cinco familias, se te aparecen los terroríficos guardianes del umbral: Vigaya (el vencedor), Yamantaka (el destructor de la muerte), Hayagriva (el rey con cuello de caballo), Amrtakundali (el torbellino de néctar), con los guardianes del umbral; Ankusa, la diosa del gancho; Pasi, la diosa del lazo; Srnkhala, la diosa de los grilletes; Ghanta, la diosa de las campanillas, y los seis Budas-profetas: el profeta de los dioses, el poderoso Indra de los cien sacrificios; el profeta de los titanes, Vemacitra; el profeta de los humanos, Sakyasimha; el profeta de los animales, Dhruvasimha; el profeta de los espíritus áridos, Jvalamukha; el profeta de los estados infernales, Dharmaraia (el rey de la ley); Samanta-Badri, y Samanta-Badra, antepasados de todos los Budas, se te aparecerán igualmente.

»Estas cuarenta y dos deidades, que son la manifestación del Cuerpo de Gozo de los Budas, surgen de tu corazón como la expresión de tu espíritu en estado puro. Por eso, ¡reconócelas!

»¡Oh, noble hijo, los reinos celestes no tienen existencia localizada, sino que, en definitiva, no son más que

---

[52] Tibetano, «las-rab-rdzogs-pa».

las divisiones cardinales y el centro de tu corazón[53], de donde salen para aparecerse a ti. Los cuerpos de esas deidades tampoco proceden de otro lugar. Son, desde toda la eternidad, el despliegue de las potencialidades de tu propio conocimiento. Por eso, reconócelos en lo que son.

»Noble hijo, estas deidades no son ni grandes ni pequeñas, sino de buena proporción. Tienen sus ornamentos, su color, su postura, su trono y la posición simbólica de sus manos. Estas deidades están en grupos de cinco, cada grupo rodeado de un halo de cinco colores. Están los aspectos masculinos, que son los héroes valientes[54] de la familia, y los aspectos femeninos, que se te aparecen todos perfectamente juntos al mismo tiempo en un solo mandala*. Reconócelos como tus divinidades de consagración**. Son los Yi-dams.

»Noble hijo, del corazón de las divinidades Padre-Madre, de esas cinco familias, brillan los cuatro supremos conocimientos con esplendorosa radiación; tendidas hacia ti, como los rayos del sol, penetran cada una por separado en tu corazón. Verás, en primer lugar, surgir del corazón de Vairocana el supremo conocimiento de la

---

[53] Literalmente, en las cuatro direcciones del cielo y en medio del corazón.

[54] Tibetano, «cha-'dzin-pa = dgang-po», Diccionario Chos-grags.

* El mandala es el conjunto formado por un centro y una periferia, un principio y sus derivados.

** Los Yi-dams son los diferentes aspectos de la naturaleza despierta del Buda, a los que se remite uno para comprender por identificación que nosotros mismos somos Buda.

esfera de todas las cosas[55], de un blanco resplandeciente, como una red de rayos luminosos brillantes y terroríficos, que van del corazón de Vairocana al tuyo. En esa red de rayos se encuentran los granos de luz de cuatro direcciones, en cuyo centro se reparten indefinidamente los granos unos dentro de otros. Son como espejos invertidos y se acumulan unos en otros, sin que haya ese despliegue de centro ni de periferia[56]. Del corazón de Vajrasattva se te aparece un tejido de luz azul resplandeciente, que es el supremo conocimiento semejante a un espejo[57]. Es una acumulación sin fin de granos luminosos como órbitas una dentro de otra, semejantes a copas de turquesa invertidas. Del corazón de Ramasambhava se te aparece una red de luz amarilla resplandeciente, que es el supremo conocimiento de la ecuanimidad[58]. Es una acumulación de granos luminosos semejantes a copas de oro invertidas unas dentro de otras. Del corazón de Amitabha se te aparece un tejido de luz de un rojo resplandeciente, que es el supremo conocimiento analítico[59]. Es una acumulación de órbitas de luces rojas semejantes a copas de coral invertidas hasta el infinito unas dentro de otras, en

---

[55] Tibetano, «chos-kyi-dbyings-kyi ye-shes».

[56] Literalmente, que no tiene centro ni límites.

[57] Tibetano, «me-long-lta-bu'i ye-shes».

[58] Tibetano, «mnyam-pa-nyid-kyi ye-shes».

[59] Tibetano, «so-sor-rtogs-pa'i ye-shes».

el centro y en las cuatro direcciones de cada una de ellas, indefinidamente, de forma que no hay centro ni periferia. Todas estas redes luminosas llegan a tu corazón.

»Noble hijo; todo esto procede del despliegue y de la potencialidad inherente a tu propio conocimiento, y no viene de otro lugar. No sientas, pues, atracción ni temor. Relaja profundamente tu espíritu en la no-conceptualización. En ese estado, todas las formas divinas y todas las radiaciones luminosas se fundirán en ti y te convertirás en Buda.

»Noble hijo, la luz verde del supremo conocimiento de la realización espontánea de los actos[60] no te ilumina aún, porque las potencialidades de tu supremo conocimiento[61] todavía no han alcanzado su perfeccionamiento.

»Noble hijo, a la aparición de esos cuatro supremos conocimientos se lo llama el camino secreto e interior, que lleva a Vajrasattva. En ese momento, rememora las enseñanzas con las que tu lama te ayudaba para la visión penetrante, y confiarás en esas apariciones que se presentarán a ti. Encontrarás la visión penetrante como una madre se reúne con su hijo o como se vuelve a ver a un amigo. Y lo harás sin la menor duda. Comprenderás que se trata de la aparición de tu propio ser y tendrás confianza para seguir el camino inmutable de la Verdad

---

[60] Tibetano, «bya-ba-grub-pa'i ye-shes».

[61] Tibetano, «rig-pa'i ye-shes».

en Sí perfectamente pura, y tu confianza hará nacer en ti la meditación continua, te fundirás entonces en el cuerpo del gran conocimiento espontáneo, y te convertirás en Buda en el Cuerpo de Gozo, sin temor a volver a caer.

»Noble hijo, con la luz del supremo conocimiento aparecerá la luminosidad de cada uno de los seis estados de existencia que son producciones ilusorias e impuras. ¿Cómo así? El tenue resplandor blanco de los dioses, el tenue resplandor rojo de los titanes, el tenue resplandor azul de los humanos, el tenue resplandor verde de los animales, el tenue resplandor amarillo de los espíritus ávidos, y el tenue resplandor gris humo de los estados infernales. Estos seis resplandores aparecen al mismo tiempo que la luz de las cuatro sabidurías. No te apoderes de ninguna de esas luces. No te sientas atraído por ellas, relájate profundamente en ausencia de toda concepción, sin ningún punto de mira. Pero si de todas formas temes a la luz del supremo conocimiento y te atraen los resplandores de las seis clases de existencias impuras, estarás confundido, prisionero del gran océano de sufrimiento de la ronda de la existencia, sin poderte escapar.

»Noble hijo, si tuvieras que ser de esos que no han alcanzado la visión penetrante a pesar de la enseñanza del lama, y uno de los que temen a la luz de las deidades del puro conocimiento y que se han visto atraídos por los tenues resplandores de los mundos impuros, deja de actuar de ese modo, vuélvete, en fin, lleno de devoción hacia la luz radiante y centelleante de supremo conocimiento. Llénate de aspiración pensando: «Esta luz es la del supremo conocimiento, viene de la compasión de los Budas de las cinco familias, ha venido a salvarme. En ella me amparo».

»No cedas a la atracción de los seis modos de existencia ilusoria; antes endereza tu espíritu y concéntrate en las divinidades Padre-Madre de las cinco familias, y di esta oración: ⁜

> *"Ay de mí, en el momento en que me encuentro errando*
>   *por la ronda de las existencias*
> *Bajo el imperio de los cinco venenos violentos*[*]
> *En el camino de luz que hace aparecer*
> *La unión de los cuatro conocimientos supremos,*
> *Que los Bqghavanes de las cinco familias de vencedores*
>   *me guíen,*
> *Que su sublime paredro me empuje por detrás.*
> *Libradme del camino mostrado por el resplandor de los*
>   *seis estados impuros,*
> *Y luego de haberme librado del camino vertiginoso de*
>   *los temores del bardo,*
> *Colocadme en los cinco paraísos sublimes".* ⁜

»Después de rezar de este modo, los mejores reconocerán esas apariciones como sus propias proyecciones y, basándose en la no dualidad, serán Budas. Los seres con

---

[*] Atracción, aversión, ceguera, orgullo, envidia.

facultades intermedias alcanzarán, así mismo, la liberación, puesto que reconocerán[62] su auténtica naturaleza gracias a su profunda devoción. Incluso los más viles, por el poder de sus votos perfectamente puros, verán cerrarse las puertas del renacimiento en los seis estados de existencia. Al realizar el sentido de la unión de los cuatro supremos conocimientos, alcanzarán el despertar siguiendo el camino de luz que lleva al seno de Vajrasattva. La mayoría de los hombres, llevados unos tras otros a la visión penetrante, encontrarán la liberación».

Visión de los Detentadores del Conocimiento

Aquellos de entre los malos que hayan cometido los actos más dañinos, al no tener ninguna inclinación por la religión o al no haber sido fieles a sus votos a fuerza de ilusiones kármicas, no pueden alcanzar la visión penetrante, aunque se les haya invitado a ello. Se verán obligados a vagar. Al séptimo día, las legiones celestes de los detentadores del conocimiento[63] vienen del Paraíso* del Gozo del Espacio[64] a acoger al muerto. Pero el camino de la luz de los animales se abre al mismo tiempo para acogerlo. Representa la ignorancia ciega de sus pasiones.

---

[62] Tibetano, «rang-ngo shes-pa».

[63] Tibetano, «rig-'dzin».

* Paraíso que es el conocimiento puro.

[64] Tibetano, «dag-pa'i mkha'-spyod».

En ese momento, la enseñanza para la visión penetrante es la siguiente, pronunciando el nombre del muerto:

«Noble hijo, ¡escucha sin distraerte! Al séptimo día se te aparecerá la luz multicolor, que es la de tus inclinaciones naturales purificadas en la esfera de la vacuidad. Entonces las legiones celestes de los detentadores del conocimiento vendrán a tu encuentro, procedentes del Paraíso del Gozo del Espacio.

»En el centro del mandala lleno de una luz de arcoíris, se te aparece aquel a quien se llama detentador del Conocimiento[*], el insuperable y plenamente desarrollado Pemagargjiwangtschuk[65], el Señor de la Danza con el Loto. Su cuerpo irradia los cinco colores. Abraza a una Dakini roja, divinidad-madre. Baila blandiendo una hoz pequeña, sosteniendo un cráneo lleno de sangre. Su gesto simbólico (*Mudra*) consiste en mirar al espacio todo.

»Al este de ese mandala se te aparece el detentador del conocimiento, Salanäpa[66], llamado El que Mora en la Tierra. Su cuerpo es de color blanco, sonríe y abraza a una Dakini blanca, madre-divina. Baila, blandiendo una hoz, sosteniendo un cráneo paraíso, que es el conocimiento puro. Sánscrito: Vidyadhara, lleno de sangre.

---

[*] Sánscrito: Vidyádhara.

[65] padma gar gyj dbang-phyug.

[66] Sa-la-gnas-pa.

Su gesto simbólico (*Mudra*) consiste en... todo el espacio entero.

»Al sur de este mandala se te aparece el detentador del conocimiento, Zelawangpa[67], llamado El que tiene Pleno Poder sobre la Vida. Su cuerpo es de color amarillo, es de buena estatura. Abraza a una Dakini amarilla, baila blandiendo una pequeña hoz y sosteniendo un cráneo lleno de sangre. Su gesto simbólico (*Mudra*) consiste en mirar al espacio todo.

»Al oeste de ese mandala aparece el detentador del conocimiento, Tschagjatschenpo[68], llamado el Gran Símbolo. Su cuerpo es de color rojo. Sonríe. Abraza a una Dakini roja, madre divina. Baila blandiendo una pequeña hoz y sosteniendo un cráneo lleno de sangre. Su gesto simbólico (*Mudra*) consiste en mirar el espacio todo.

»Al norte de ese mandala aparece el detentador del conocimiento, Lhunggidupa[69], El que Aparece Espontáneamente. Su cuerpo es de color verde. Hace muecas y abraza a la madre, una Dakini verde. Baila, blandiendo una pequeña hoz y sostiene un cráneo lleno de sangre. Su gesto simbólico (*Mudra*) consiste en mirar el espacio todo.

»Este mandala de los detentadores del conocimiento está rodeado de innumerables legiones de dakinis. Las

---

[67] Tshe-la-bdallg-pa.

[68] Tibetano, «phyag-rgya-chen-po».

[69] Lhung-gi-grub-pa.

dakinis de las ocho grandes necrópolis, las dakinis de los cuatro órdenes espirituales, las dakinis de los tres lugares de las diez direcciones del espacio, de los veinticuatro lugares, de los héroes y de las heroínas de los emisarios, de los protectores de la enseñanza del Buda y de sus guardianes. Todos están adornados con los seis ornamentos de huesos y tocan el tambor con cráneos, la trompeta con fémures, llevan pendones, palios y cintas de piel humana[70], y queman inciensos de carne humana. Llenan todas las regiones del universo haciéndolas retumbar y temblar con sus sones. Es una música tan poderosa que, al oírla, se creería que va a hacer estallar la cabeza de uno. Llegan bailando todos de forma diferente, acogiendo a quienes han respetado sus votos y castigando con la muerte a quienes han faltado a ellos.

»Oh noble hijo, tus inclinaciones naturales se purifican en la esfera de todo conocimiento que es la vacuidad, supremo conocimiento innato[71], esa luz clara y transparente, tejida con hilos de cinco colores, que surge del corazón de los cinco principales detentadores del conocimiento e iluminan tu propio corazón con un destello insoportable a tus ojos.

»Simultáneamente, aparece el tenue resplandor verde del mundo de los animales. Entonces, la fuerza de las

---

[70] Tibetano, «zhi-lpags = mi-lpags»; Diccionario Chos-grags.

[71] Tibetano, «dag-pa-lhan-cig-skyers-pa'i ye-shes».

ilusiones de tus inclinaciones te harán temer la luz de cinco colores. Querrás huir, sintiéndote, por el contrario, atraído por el resplandor tenue del mundo de los animales. Por eso, en ese momento, no deberás temer a la luz de cinco colores, radiante y resplandeciente, sino, al contrario, conocerla. Del seno de esa luz, el sonido del Dharma[72], semejante a mil truenos, retumba como gritos de guerra y como los mantras de la ira divina. No tengas miedo, no huyas, no temas nada. Reconócelas como tus propias proyecciones, como el despliegue de las potencialidades inherentes a tu propio espíritu. No te dejes atraer por la tenue luz verde de los animales. No aspires a ella. Si te dejas atraer por ella, caerás en el reino de los animales ignorantes y sufrirás eternamente con la estupidez y la estulticia del mundo en el que te hayas dejado coger.

»Como no hay forma de salir de él, no te dejes atrapar. Concéntrate más intensamente en las legiones celestes de los santos detentadores del conocimiento, que son los maestros espirituales, y venera a esa luz de cinco colores, radiante y resplandeciente, pensando: "Las legiones celestes de los detentadores del conocimiento, los héroes y las Dakinis* han acudido para conducirme

---

[72] Tibetano, «chos».

* Dakinis: las que se desplazan en el espacio. El espacio pude entenderse en varios niveles; puede ser la esfera misma del conocimiento, la vacuidad en la que se mueve el ejercicio de las potencialidades inherentes al espítitu liberado.

al puro dominio del Gozo del Espacio, y les suplico que vuelvan sus miradas hacia mí, que ningún mérito tengo. Aunque la luz de compasión de los Tathagatas, y de los Budas de las cinco familias, y de los tres tiempos, se me haya aparecido tantas veces, nada he hecho por alcanzarla. Celestes legiones de los detentadores del conocimiento, no me dejéis, pues, caer más, antes asidme con vuestra compasión como con un gancho. Os suplico que me conduzcáis al puro dominio del Gozo del Espacio".

»Pensando en ello, y sin distraerte, di la siguiente oración: ⚬̶⚬

> *"Que en el camino de luz que hace aparecer el supremo conocimiento innato, los héroes detentadores del conocimiento me guíen; que sus sublimes paredros, la asamblea de las Dakinis me empujen por detrás, y, luego de liberarme del camino vertiginoso de los miedos del bardo, que me coloquen en el paraíso que es la visión pura, el Gozo del Espacio".* ⚬̶⚬

»Después de rezar de este modo con devoción, se funde uno en luz de arcoíris en el corazón de las legiones celestes de los detentadores del conocimiento, y se renace, sin la menor duda, en el Reino de Gozo del Espacio. Los que reconocen esto, quedan liberados instantáneamente como todos los amigos espirituales[73],

---

[73] Título académico tibetano (tib dge-ba'i bshes-gnyen), que corresponde a doctor en teología.

e incluso quedarán liberados los que tienen inclinaciones perversas.

»Aquí termina la enseñanza de la *Gran Liberación por la Escucha*[74] referente a la luz de lúcida claridad en el estado intermedio después de la muerte[75], y el reconocimiento del estado en el que aparecen las divinidades pacíficas en el bardo de la Verdad en Sí[76]».

iti ⊹ *Samaya* ⊹ *gya gya gya* ⊹ *

---

[74] Thos-grol-chen-mo.

[75] Tibetano, «chi-kha'i bar-do».

[76] Tibetano, «chos-nyid zhi-ba'i bardo».

* Mantras que sellan el secreto del texto.

Visión de las divinidades iracundas

(*Comentario*). El concepto hindú de *atman* significa sustancia indestructible que consiste en sí misma, y está presente en cada ser vivo. No puede demostrarse la afirmación budista de la existencia de esa fuerza. A la falta de esa fuerza vital se la llama vacuidad (*sunyata;* en tibetano: *stong-pa-nyid*). El propósito y el deber de la mística búdica es sentir, experimentar, vivir en su propio cuerpo esa vacuidad, esa carencia de fuerza vital. La expresión «carencia de fuerza vital» parece una descripción negativa, pero esa experiencia mística turbadora se siente como una plenitud, como una luz muy penetrante. Es de una intensidad tan grande que el hombre ordinario no la soporta. Incluso cuando los Budas se manifiestan en esa luz deslumbrante, la mayoría de los hombres no pueden reconocerla; tanto los ciega que huyen, sin saber lo que significa esa luz.

Así el muerto no sabe reconocer el ser verdadero de esa luz que se manifiesta a él en el Buda de las cinco sabidurías. Cuando aumentan las visiones, la revelación de la naturaleza del ser se hace más terrible, según la experiencia que ha adquirido el hombre a lo largo de su vida. La Verdad en Sí, que no ha podido reconocerse en su luz deslumbrante, se siente ahora como un miedo existencial. El temor lo producen ahora diferentes apariciones espantosas. Paralelamente a los cinco Budas, surgen los cinco Herukas, que no son nuevas entidades, sino solo una forma distinta de aparición de las mismas potencias. Por eso los Herukas llevan los mismos emblemas que los cinco Budas, ¡aunque sean tan espantosos como para paralizar a un muerto! Al igual que el mandala de los cinco Budas está rodeado por los poderosos detentadores del conocimiento, los Herukas están rodeados de otros seres más horrorosos de lo que se pueda imaginar. Entre estos seres surgen los ocho mamo. Estas divinidades son espíritus de tierra. En historia de las religiones, se considera que forman parte de la cultura campesina prebúdica (ver E. Neumaier: *Matarah und ma-mo*. Studien zur Mythologie des Lamaismus, Munich, 1966, p. 19 y ss.). Dentro del marco del esoterismo del budismo tibetano, tienen un significado que no difiere mucho del de las restantes divinidades femeninas. El Che-mohog Heruka representa las ocho órdenes de la conciencia, a saber:

—las seis conciencias habituales del budismo: los cinco sentidos de occidente: conciencia del ojo, de la lengua, del oído, de la nariz y del cuerpo, y la conciencia de lo mental;

—la conciencia de lo mental, invadida por las emociones perturbadoras (*manovijnana*);

—la conciencia como base productora (*kun-gzhi*; en sánscrito: *alayavijnana*).

El concepto occidental de tesoro de la conciencia (*alayavijnana*) tiene un significado bastante parecido, pero no es idéntico. Un comentario tibetano de un tantra sitúa el Che-mchog Heruka en el centro de su consideración y expone claramente que esos ocho mamo no son espíritus, sino personificaciones de ciertos aspectos de la conciencia (ver E. Neumaier: *Das rangbyung rang shar ein r Dzogschen Tantra*. ZDMG, 1970, p. 156).

La lectura de los siguientes capítulos del Bardo-Thödol sorprenderá por el cambio total de la revelación de la vacuidad.

Se la percibe, en primer lugar, como el deslumbramiento de la luz transparente; luego, en segundo lugar, como el horror que inspira la sangre coagulada. Esta vacuidad del budismo corresponde a lo divino, que ocupa un lugar tan importante en muchas religiones. También se la considera como el Todo lo Demás (ver R. Otto: *Das ganz-andere in aussercbristliches und christlicher Theologie*, en Das Gefühl des Überweltlichen, 1932, p. 112 y ss.).

La unión mística se ha descrito siempre como un acontecimiento de felicidad indescriptible y como un rapto liberador que conmueve a la persona tan profundamente, que le invade el miedo y el espanto como si fuera a apagarse su existencia a causa del poder de esa Verdad en Sí.

Por muy concretamente que se describan, los Herukas y quienes les acompañan no son más que símbolos o imágenes que pretenden formular lo inexpresable de la experiencia fundamental.

Dice el Bardo-Thödol al final que el miedo acrecienta la atención del muerto. ¡Esto parece, en principio, contradictorio! Pero quién no ha experimentado en su vida las fuerzas insospechadas que puede desencadenar el miedo extremo o la angustia. En el estado intermedio, el muerto vuelve a pasar por todos los desarrollos que ha vivido en la tierra: primero aparece la naturaleza profunda como una luz, y luego se muestra terrorífica. Vencen el miedo y la pusilanimidad, y el muerto es empujado entonces al escondite de una matriz. Si el muerto no reconoce la verdadera naturaleza de las apariciones, desciende cada vez más profundamente en los torbellinos de las emanaciones de la vacuidad, en donde las imágenes se irán haciendo cada vez más groseras y la reencarnación será inevitable. *(Fin del comentario)*.

Introducción

He aquí la descripción del comienzo de la aparición de las divinidades iracundas del estado intermedio. Existen siete etapas en el sendero vertiginoso, igual que existían siete en el estado intermedio de las divinidades pacíficas. Estas etapas le dan una y otra vez al muerto la posibilidad de llegar a la visión penetrante. El muerto puede no reconocer inmediatamente la etapa, pero logra la liberación si llega a la visión penetrante en una etapa siguiente. Esto es muy importante para él. Aunque hay muchas personas que se liberan de este modo, algunas por culpa de su mal karma, por culpa de los velos que cubren su espíritu y por culpa de sus tendencias inconscientes perjudiciales, no han podido hacer que cese el ciclo de ilusión de la ignorancia. Aunque se haya intentado todo para hacerles reconocer a su propio espíritu en el bardo, no se han liberado y tienen que seguir errando más abajo.

Después de que lo han acogido las legiones celestes de las divinidades pacíficas, los detentadores del conocimiento y los Dakinis, aparecen las legiones de las divinidades iracundas, las que beben sangre y arden en el fuego*. Son las cincuenta y ocho metamorfosis de las anteriores legiones de las divinidades apacibles.

La situación, sin embargo, no es la misma, ya que ahora se trata del estado intermedio de las divinidades iracundas. El muerto quedará confundido por su miedo, su angustia y su espanto. Le resultará entonces cada vez más difícil reconocer la verdad, pues el espíritu no es dueño de sí. Lo invade el vértigo y se desvanece. Pero si alcanza, aunque sea poco, la visión penetrante, obtiene fácilmente la liberación. ¿Y cómo? Porque el espíritu ocupado por el miedo y la angustia no conoce ninguna distracción, tan concentrado está en su temor.

Si, en esta situación, no encuentra uno estas enseñanzas, resultará inútil todo un océano de conocimientos teóricos. Los sacerdotes que siguen la regia, los monjes[77] y los metafísicos que quedarán entonces confundidos, al no reconocer la verdad, deberán errar nuevamente por el ciclo de las existencias. La mayoría de los individuos ordinarios buscan la forma de escapar a este miedo y a esa angustia. Se precipitan en los abismos sin fondo de

---

* El fuego del supremo conocimiento.

[77] Sánscrito, «vinaya».

los estados de existencia inferiores en los que deberán sufrir. Mas el yogui que ha puesto en práctica la enseñanza tántrica, aunque sea un ser inferior, sabrá, desde el momento en que vea las legiones celestes de los bebedores de sangre, como si reconociese a unos amigos, que se trata de las divinidades de consagración (*Yi-dams*), y tendrá toda confianza en ellos. Se unificará con ellos[78] y se convertirá en Buda.

Se reconocerá inmediatamente a esas figuras y se logrará la liberación si se está familiarizado previamente en la tierra con los divinos bebedores de sangre, por haberlos venerado y haberles hecho ofrendas, o al menos por haberlos visto en pinturas. En eso consiste lo esencial de la enseñanza siguiente.

Las apariciones maravillosas de las reliquias de huesos o de luces de arcoíris no se producirán para quienes, en vida, menospreciaron la enseñanza de los mantras secretos, aunque como sacerdotes hayan observado la regia de los monjes o, como metafísicos, hayan practicado en la tierra el Dharma. Por sabios que fueran en la comprensión del Dharma, si no han depositado su confianza en las divinidades del Vajrayana, no pueden reconocerlas.

Se toma por enemigo lo que le sorprende a uno por vez primera. Y esta actitud de rechazo hace recaer en los estados de existencia inferiores. Por eso, por buenos

---

[78] Tibetano, «gnyis-su-med-pa».

discípulos que hayan sido, los metafísicos y todos los que hayan observado la regia del Buda, si no tienen ningún entrenamiento tántrico, no pueden tener signos como reliquias, *sharirams,* perlas de luz, luz de arcoíris. Por el contrario, el más simple de los tantristas, por vulgar, inculto o inmoral que haya sido, aunque fuera incapaz de practicar la enseñanza tántrica, será apto para obtener la liberación si no tiene ninguna representación errónea ni ninguna duda respecto a la enseñanza tántrica a la que respeta. Aunque viviera una vida disipada, al morir aparecerán reliquias, perlas de luz, representación del cuerpo de Buda impresa en los huesos*, todo lo cual demuestra la inmensa bendición de las enseñanzas tántricas.

Gracias a su práctica de las dos fases de meditación (desarrollo[79] y terminación[80]), gracias a la recitación de los mantras y a la práctica de la enseñanza, los seres de desarrollo muy mediano y los yoguis tántricos no tienen necesidad de errar fuera del estado intermedio de la Verdad en Sí. En cuanto cesa su respiración, son acompañados al Reino del Gozo del Espacio por los detentadores del conocimiento, los héroes y los Dakinis.

---

* Se trata de signos que indican que el muerto ha logrado la liberación del ciclo de las existencias: ciertos órganos de su cuerpo permanecen incombustibles. Las figuras del Buda aparecen representadas en las osamentas y quedan unas perlitas coloreadas y brillantes en las cenizas del cuerpo incinerado.

[79] Tibetano, «bskyed».

[80] Tibetano, «rdzogs».

En señal de ello, el cielo estará brillante y puro. Un arcoíris de intensa luminosidad resplandecerá en una lluvia de flores, de perfumes, de incienso y de música celestial. Luces, reliquias, perlas coloreadas y figuras divinas aparecerán. Por eso, las enseñanzas del libro de la *Gran liberación por la escucha*[81] son indispensables para los monjes, los filósofos y quienes han roto sus votos iniciáticos.

Quienes meditaban sobre la Gran Perfección[82] y sobre el Gran Símbolo[83], reconocen verdaderamente la luz fundamental del momento de la muerte, de tal forma que obtienen el Cuerpo de Vacuidad sin necesidad de leer la *Gran liberación por la Eescucha*.

Luego, si en el estado intermedio del momento de la muerte, se reconoce la clara luz, se obtiene el Cuerpo de Vacuidad, y si, en el estado intermedio de la Verdad en Sí[84], se reconoce lo que es el espíritu, en el momento en que aparecen las divinidades pacíficas y airadas, se obtiene el Cuerpo de Gozo. Si se reconoce la verdad en el estado intermedio del devenir[85], se obtiene el Cuerpo de Emanación[86] y se renace en los estados superiores del

---

[81] Thos-grol-chen-mo.

[82] rdzogs-pa-chen-po.

[83] Sánscrito, «mahāmudrā»; tibetano, «phyag-rgya-chen-po».

[84] Tibetano, «chos-nyid bar-do».

[85] Tibetano, «srid-pa'i bar-do».

[86] Tibetano, «sprul-sku».

ser en los que se encuentra nuevamente esa enseñanza. Las consecuencias favorables del karma influyen en la vida siguiente, por lo que la *liberación por la escucha* es una enseñanza que permite llegar a Buda sin pasar por la meditación. Basta con oirle para quedar liberado. Esta enseñanza guía a los grandes pecadores en el camino secreto. Es imposible que quien tenga confianza en esta enseñanza caiga en los estados de existencia inferiores. El texto de la *Liberación por la aplicación de los mantras sobre el cuerpo*[87], debe así mismo leerse en voz alta, ya que la combinación de estos textos es como la del oro y la turquesa en un mandala[88]. Ahora que se ha demostrado la importancia de la enseñanza de la *liberación por la escucha*, hay que ayudar al muerto a obtener la visión penetrante mientras aparece el estado intermedio de las divinidades iracundas[89]. Se llama al muerto tres veces por su nombre.

Visión del Buda Heruka

«¡Noble hijo, escucha sin distraerte! No has llegado a la visión penetrante antes, cuando se te apareció el estado intermedio de las divinidades apacibles. Has tenido que

---

[87] bTags-sgrol.

[88] Se trata de un objeto cultural en forma de pirámide de escalones circulares, imagen que reproduce el cosmos. No se trata del diagrama religioso designado con el mismo nombre.

[89] Tibetano, «Khro-bo'i bar-do».

errar hasta ahora. En este momento, el octavo día, aparecen las legiones divinas de los bebedores de sangre. Reconócelos sin distraerte.

«¡Noble hijo! Se te aparecerá el glorioso Buda Heruka, de color pardo oscuro, con tres cabezas, seis brazos y cuatro piernas. Su rostro de la derecha es blanco, el de la izquierda es rojo y el de en medio marrón oscuro. Su cuerpo es una masa resplandeciente. Sus nueve ojos, de terrible fijeza, te miran a los ojos. Sus cejas tiemblan como el rayo y sus caninos brillan como el cobre; ríe a carcajadas: *A-la-la ha-ha*. Su soplo es poderoso: *¡Chuu!* ¡Su cabello pelirrojo se yergue como llamas! ¡Tiene el cuerpo adornado con guirnaldas de sierpes y cabezas recién cortadas! De sus seis brazos, el primero de la derecha lleva una rueda, el del centro un hacha y el último una espada, mientras que el primer brazo de la izquierda tiene en la mano una campana, el del centro, una reja de arado[90] y el último, un cráneo. La madre-divina BudaKrodhesvari abraza el cuerpo del divino-padre, con su mano derecha le rodea la nuca y con la izquierda le acerca a la boca un cráneo lleno de sangre. Da gritos guturales, que retumban como truenos. Arde con el fuego del conocimiento, en cuyo seno el vello de su cuerpo es como *Vajras* en llamas. Está en un trono sostenido por Garudas, con las dos piernas

---

[90] El texto tibetano utiliza aquí la palabra extranjera: bhāndha.

derechas dobladas y las dos izquierdas extendidas. Del centro de su propio cerebro sale ese Buda-Heruka que de ese modo se te aparece. No le temas. No tengas miedo de él. Reconoce en él el cuerpo de tu propio espíritu. ¡Puesto que es tu divino Yidam, no le temas! ¡Ese Buda Heruka es en realidad el altísimo Vairocana, el Padre-Madre, no temas nada! Si lo reconoces verdaderamente, quedarás liberado al instante».

Visión de Vajra Heruka

Una vez pronunciadas estas palabras, el muerto reconocerá a su divino Yi-dam y se unirá a él. Habrá alcanzado el grado de perfección de Buda en el Cuerpo de Gozo. Pero si siente miedo y disgusto y quiere huir, no podrá reconocer la verdad, y al noveno día los divinos bebedores de sangre de la orden del Vajra vendrán a su encuentro. Por eso hay que ayudarle a obtener la visión penetrante. Se llama al muerto por su nombre, diciendo:

«¡Noble hijo, escucha sin distraerte! Al noveno día se te aparece el altísimo Vajra-Heruka, de la orden del Vajra de los divinos bebedores de sangre. Tiene el cuerpo azul oscuro, tres cabezas, seis brazos y cuatro piernas abiertas. Su cabeza de la derecha es blanca, la de la izquierda roja y la del centro azul. Lleva en la mano derecha el Vajra, en la del centro un cráneo y en la tercera un hacha. En la mano de la izquierda una campana, en la del centro un cráneo y en la última una reja de arado. La divina madre

Vajra Krodhesvari abraza el cuerpo del divino-padre, con la mano derecha le rodea el cuello y con la izquierda le acerca a la boca un cráneo lleno de sangre. Esta aparición sale de la parte este de tu cerebro y se pone delante de ti. ¡No tengas miedo, nada temas, no te defiendas! Reconócela como cuerpo de tu propio espíritu. No la temas, puesto que es tu divino Yidam. En verdad es el altísimo Vajrasattva, el divino Padre-Madre. Venéralos, pues, con devoción. Si los reconoces verdaderamente, obtendrás al instante la liberación».

Gracias a estas palabras, el muerto reconoce la aparición de su divino Yidam y se funde en él. Se convierte en Buda en el Cuerpo de Gozo.

Visión de Ratna-Heruka

Si el miedo y el disgusto nacen en él a causa de la gran ceguera de su karma y quiere huir, no obtiene la visión penetrante. Y, nuevamente, el décimo día, los divinos bebedores de sangre de la orden de Ratna surgen para acogerle. Por eso hay que volver a ayudarle para esa visión penetrante. Se llama al muerto por su nombre, diciendo:

«Noble, hijo, escucha sin distraerte! Este décimo día se te aparece el altísimo Rama-Heruka, de la orden Rama de los divinos bebedores de sangre. El color de su cuerpo es amarillo oscuro. Tiene tres cabezas, seis brazos y cuatro piernas abiertas. La cabeza de la derecha es blanca, la de la izquierda roja, y la de en medio, amarillo oscuro, está ardiendo. De sus seis manos, la primera de la derecha tiene una joya, la de en medio un cetro[91] y la última una maza. La primera de la izquierda tiene una campana, la del centro un cráneo y la última un tridente. La madre-divina Ratnakrodhesvari abraza el cuerpo del divino-padre, con la mano derecha le rodea el cuello, mientras que con la izquierda le acerca a la boca un cráneo lleno de sangre. Esta aparición procede del sur de tu cerebro. No la temas pues. ¡No tengas miedo! No la rechaces. ¡Reconoce que es tu naturaleza profunda! ¡Puesto que es tu Yidam divino, no le tengas miedo! Venérale con devoción, pues es en realidad el altísimo Ratnasambhava unido a la divina-madre. Reconócele, obtendrás al instante la liberación».

Una vez dicho esto, el muerto reconoce la aparición de su divino Yidam, y fundiéndose con él se convierte en Buda.

Visión de Padma-Heruka

Si el miedo y el disgusto le repelen debido a unas turbias inclinaciones que siguen arrastrándolo, a pesar de la ayuda que ha recibido para obtener la visión penetrante, no puede reconocer la aparición de su divino Yidam y lo toma por un demonio de la muerte. El decimoprimer día

---

[91] Cetro tántrico, con tres cráneos.

aparecen los divinos bebedores de sangre de la orden de Padma para acogerlo. Por eso, una vez más, hay que ayudarle a obtener la visión penetrante. Se llama al muerto por su nombre, diciendo:

«¡Noble hijo, escucha sin distraerte! El decimoprimer día se te aparece el altísimo Padma-Heruka, de la orden Padma de los divinos bebedores de sangre. Su piel es de color rojo oscuro, tiene tres cabezas, seis brazos, cuatro piernas abiertas. La cabeza de la derecha es blanca, la izquierda azul, la del centro rojo oscuro. De sus seis manos, la primera de la derecha tiene un loto, la del centro un cetro y la última una maza. La primera de la izquierda una campana, la del centro un cráneo lleno de sangre y la última un pequeño tambor. La madre-divina Padma-Krodhesvari abraza su cuerpo, con la mano derecha le rodea el cuello y con la izquierda le acerca a la boca un cráneo lleno de sangre. El divino-padre, unido boca a boca con la madre-divina, sale del lado oeste de tu cerebro y se aparece a ti. No tengas miedo pues, nada temas. ¡No te defiendas! Recuérdalo, reconócelo como el cuerpo mismo de tu espíritu, puesto que es tu divino Yidam; no le temas, no tengas miedo. En verdad es Amitabha el altísimo unido a la madre divina. Venéralos con devoción. ¡Si le reconoces verdaderamente, alcanzarás al instante la liberación!».

Al oír estas palabras, el muerto reconocerá su Yidam divino, se fundirá en él y se convertirá en Buda.

Visión de Karma-Heruka

A pesar de la ayuda que haya recibido para la visión penetrante, si sus malas inclinaciones aumentan su miedo y su temor hasta el punto de que trate de huir de la aparición, no puede reconocer su Yidam divino. Por eso el decimosegundo día, las legiones de los divinos bebedores de sangre de la orden de Karma, como los *Gauris** los *Pisacis***[92] y los *Isvaris**** vienen a acogerlo. Como no reconoce su verdadera naturaleza, el miedo aumenta en él. Se le ayuda, pues, a obtener la visión penetrante. Se llama al muerto por su nombre, diciendo:

«¡Noble hijo, escucha sin distraerte! Ahora que el decimosegundo día ha llegado, Karma-Heruka, de la orden Karma de los divinos bebedores de sangre, se aparece a ti. Su cuerpo es verde oscuro. Tiene tres cabezas, seis brazos, cuatro piernas separadas. Su cabeza de la derecha es blanca, la de la izquierda roja y la del centro verde oscuro. Tiene aspecto feroz. De sus seis manos, la primera de la derecha sostiene una espada, la del centro, un cetro, la tercera, una maza. A la izquierda, la primera sostiene una campana, la de en medio, un cráneo, la de detrás,

---

* *Gauri*: en sánscrito y en tibetano significa «blanca». Son las ocho diosas a las que se ha dado el nombre de la primera, que es blanca.

** *Pisaci*: sánscrito, *phra men ma*; tibetano, significa «abigarrado», ya que esas diosas son de colores diversos. Son las comedoras de carne, con cabeza de aves y de animales.

*** *Isvaris*: sánscrito, *wangtschulma*; (tibetano), significa «las todopoderosas».

[92] Phra-min-ma.

una reja de arado. La madre-divina Karma Krodhesvari abraza el cuerpo del divino padre y con su mano derecha le rodea el cuello, y con la izquierda le acerca a la boca un cráneo lleno de sangre. Unidos boca a boca, salen del norte de tu cerebro y se aparecen a ti. ¡No tengas miedo, nada temas! ¡No te defiendas! Reconoce, pues, que se trata del cuerpo de tu propio espíritu. Es tu Yidam divino, no tengas miedo. Pues en verdad estas apariciones son la pareja divina de los Amoghasiddhi y de la madre-divina. Venéralos con devoción. Ten esperanza en ellos. Tu reconocimiento engendrará al instante tu liberación».

¡Después de decir estas palabras, el muerto reconoce la aparición de su Yidam divino! Se funde en él y se convierte en Buda. La enseñanza del lama le permite reconocer esa aparición como sus propias proyecciones: el despliegue de las potencialidades inherentes a su espíritu. Está liberado de sus temores como se estaría al ver que el león que nos hace frente está disecado. En efecto, subsiste el miedo mientras no se dé uno cuenta de que el león está disecado. Pero en cuanto alguien nos dice que el león está disecado, los miedos se desvanecen. ¡El que os lleva a la visión penetrante os permite ver las cosas como son, y, sorprendidos, ¡no temeréis nada! Así ocurre cuando las legiones divinas de los bebedores de sangre aparecen con sus enormes cuerpos y sus pesados miembros, llenando el cielo y la tierra y comunicándoos miedo y angustia. En cuanto se le haga reconocer esto al muerto, sabrá que se trata, bien de sus propias proyecciones, bien de su Yidam[93] y entonces huirán la clara lucidez-hija, en la que solía meditar, y la clara lucidez-madre que, espontáneamente, aparece ulteriormente[94]. Como al encontrar a un viejo conocido, esa lúcida claridad se aparece a sí misma, y habrá liberación. El espíritu se hace aparecer a sí mismo y se libera.

Visión de las ocho mamo y de las demás divinidades femeninas

Si nadie ayuda al muerto a obtener la visión penetrante, este, aunque sea inteligente, tendrá que errar nuevamente por el cielo de las existencias. Entonces aparecen los ocho seres terroríficos, las Gauri y las Pisacis[95] de numerosas cabezas que salen del centro del cerebro. ¡Por eso es necesario ayudarle a lograr la visión penetrante! Se llama al muerto por el nombre, diciendo:

«¡Noble hijo, escucha sin distracción! De en medio de tu cerebro surgen las ocho Gauri mamo que acuden a tu encuentro. ¡No las temas! Del este de tu cerebro sale la blanca Gaurima, llevando en el brazo derecho un cadáver reseco a guisa de maza, y, en la mano izquierda, un cráneo lleno de sangre. ¡Nada temas! Del sur de tu cerebro sale

---

[93] dBang-phying-ma.

[94] Es decir, el estado intermedio.

[95] Phra-men-ma.

Gauri, la Amarilla, llevando en la mano un arco tendido con una flecha. Del oeste surge Tamo[96], la Roja, que lleva un monstruo marino, y del norte sale Vetali, la Negra, llevando la vajra y un cráneo lleno de sangre. Del sureste aparece Pukksi, de color anaranjado, blandiendo unas entrañas en la mano derecha y llevándoselas a la boca con la mano izquierda. Del suroeste aparece Ghasmari, la Verde oscuro, llevando en la mano izquierda un cráneo lleno de sangre, que se acerca a la boca mientras remueve su contenido con un vajra que sostiene en la mano derecha. Del noroeste aparece Candali, la Amarilla, que arranca la cabeza de un cuerpo, llevando el corazón en la mano derecha y devorando el cuerpo ayudándose con la mano izquierda. Del noreste aparece Smasani, la Azul oscuro, que separa una cabeza de su cuerpo y lo devora. Estas ocho Gauri ma-mo unidas a los lugares rodean a los cinco padres bebedores de sangre. Salen de tu propio cerebro y acuden a tu encuentro. ¡No te asustes!

»Noble hijo, escucha sin distraerte! Del círculo externo del cerebro surgen las ocho Pisacis de las diferentes regiones[97], que vienen a tu encuentro. Del este aparece Simhamuka, la Azul oscuro, con cabeza de león.

---

[96] phra-mo.

[97] Evans-Wentz toma aquí el concepto tibetano «yul» por una descripción de las direcciones del cielo. Pero esas divinidades se asimilan igualmente, en otros textos, con el espacio y el tiempo, aunque las indicaciones no permitan interpretar claramente el sentido implícito. (Eva Neumaier. bka'-brgyad rain-byun-ran-săr, ein rJogs-C'en Tantra, en ZDMG, 1970, p. 156).

Cruza los brazos sobre el pecho y tiene en sus fauces un cadáver mientras sacude la melena. Del sur aparece Vyaghrimukha, la Roja de cabeza de tigresa, con los brazos cruzados hacia abajo, los ojos desorbitados y enseñando los colmillos. Del oeste aparece Srngalamuka, la Negra, de cabeza de zorro, llevando en la mano derecha un escalpelo y en la izquierda unas entrañas que engulle lamiendo la sangre. Del norte aparece Svanamuka, la Azul oscuro, de cabeza de lobo, llevándose a la boca con las dos manos un cadáver. Del sureste aparece Grdhramukha, la Blanco amarillento, de cabeza de buitre, llevando al hombro un cadáver y en la mano un esqueleto. Del suroeste aparece Kankamukha, la Rojo oscuro, de cabeza de milano, llevando un cadáver al hombro. Del noroeste aparece Kakamukha, la Negra, de cabeza de cuervo, llevando en la mano izquierda un cráneo lleno de sangre y en la derecha blande una espada. ¡Devora el corazón y los pulmones! Del noreste aparece Ulumukha, la Azul oscuro, de cabeza de búho, llevando en la mano derecha un vajra y blandiendo con la izquierda una espada. Devora la carne fresca. Estas ocho Pisacis unidas a las diferentes regiones rodean a los cinco divinos padres bebedores de sangre y surgen del interior de tu cerebro y se presentan ante ti como unas apariciones. No temas nada. Reconoce lo que se presenta ante ti como tus propias proyecciones, como el despliegue de las potencialidades inherentes a tu espíritu.

»Noble hijo, si ahora las cuatro guardianas del umbral surgen del interior de tu cerebro y vienen a ti como apariciones, reconócelas. De la parte este de tu cerebro sale y se te aparece Ankusa, la blanca diosa del gancho, de cabeza de caballo, llevando en la mano izquierda un cráneo lleno de sangre. Del sur de tu cerebro sale Pasa[98], la diosa Amarilla de cabeza de cerda, llevando un lazo; del oeste, Srnkala, la Roja[99], de cabeza de leona, llevando unos grilletes; del norte, Ghanta[100], la Verde, de cabeza de serpiente, llevando una campanilla. Así las cuatro guardianas del umbral salen de tu cerebro y se te aparecen. Reconoce que son tus Yidams divinos.

»Noble hijo, en círculo, en torno a esas treinta deidades Herukas terroríficas, las veintiocho poderosas diosas de múltiples cabezas, salen de tu cerebro. Llevan en la mano diferentes armas. Acuden a ti como apariciones. Reconoce todo cuanto se te aparece como tus propias proyecciones, el despliegue de las potencialidades inherentes a tu espíritu. Has llegado al punto crucial. Recuerda las enseñanzas de tu maestro espiritual.

»Del este aparecen las seis isvaris: Raksasi, la Morena, de cabeza de yac, llevando en la mano un vajra; Brahmi, de color anaranjado, de cabeza de serpiente, llevando en

---

[98] Phag-gdong-ma.

[99] Seng-gdong-ma.

[100] sBrul-gdong-ma.

la mano un loto; Mahadevi, la gran diosa de cabeza de leopardo, con un tridente en la mano; Vaisnavi, «ávida» de color Azul, de cabeza de mangosta, llevando una rueda en la mano; Kumari, la jovencita roja de cabeza de oso blanco, llevando una lanza en la mano; Indrani, la Blanca, de cabeza de oso pardo, llevando un nudo de entrañas en la mano. No tengas miedo de ellas.

»Oh, noble hijo, del sur se te aparecen las seis isvaris que salen de tu cerebro: Vajra, la Amarilla, de cabeza de murciélago, llevando un escalpelo en la mano; Shanti, la Paz, roja, de cabeza de capricornio, con un jarro en la mano; Amrta, la Roja, de cabeza de escorpión, con un loto en la mano; Candra, la Luna, blanca, de cabeza de halcón, llevando un vajra en la mano; Danda, la del Bastón, verde oscuro, de cabeza de raposa, llevando una maza en la mano, y Raksasi, la Ogresa, amarillo oscuro, de cabeza de tigresa, llevando en la mano un cráneo lleno de sangre. No te asustes de ellas.

»Oh, noble hijo, del oeste se te aparecen las seis isvaris que salen de tu cerebro: Bhaksini, la Devoradora, verde oscuro, de cabeza de buitre, con una maza en la mano; Rati, la Ardiente, roja, de cabeza de caballo, con un esqueleto en la mano. Mahabala, la Vigorosa, blanca, de cabeza de garuda, con una maza en la mano: Raksasi, la Ogresa, roja, de cabeza de perro, con un vajraescalpelo en la mano, seccionando cadáveres; Kama, el Deseo, roja, llena de concupiscencia, con cabeza de abubilla, con un arco en la mano tendido con una flecha; Vasuraksa, la Guardiana de los Tesoros, verde oscuro, de cabeza de ciervo, con un jarro en la mano. No te asustes de ellas.

»Oh, noble hijo, del norte se te aparecen las seis isvaris que salen de tu cerebro. Vayndevi, la Azul, diosa del viento, de cabeza de lobo, ondeando en la mano un estandarte; Nan, la Mujer, roja, de cabeza de carnero, con una estaca en la mano; Varahi, la Negra, de cabeza de cerda, con un collar de colmillos en la mano; Vajri, la Roja, de cabeza de corneja, con un cadáver de niño en la mano; Mahahastini, la Diosa de la Gran Trompa, Verde oscuro, de cabeza de elefante, llevando en la mano un cadáver enorme al que chupa la sangre; Varunadevi, la Diosa del Agua, Azul, de cabeza de serpiente, llevando en la mano un collar hecho de cuerpos de serpientes. Estas seis isvaris del norte salen de tu cerebro y se te aparecen; no tengas miedo.

»Oh, noble hijo, las cuatro isvaris guardianas del umbral van a aparecerse procedentes de tu cerebro. Del este sale Vajra, la Blanca, de cabeza de cuclillo, con un gancho de liberación en la mano; del sur, Vajra, la Amarilla, de cabeza de cabra, con un lazo en la mano; del oeste, Vajra, la Roja, de cabeza de león, con una cadena de hierro en la mano; del norte, Vajra, la Verde oscuro, de cabeza de serpiente, con una campana en la mano. Las cuatro guardianas de las puertas, las isvaris, salen de tu cerebro y se te aparecen. Reconoce, pues, que esas veintiocho divinidades poderosas se elevan espontáneamente para aparecerse ante ti como ejercicio de las potencialidades inherentes del cuerpo engendrado por sí mismo, de las Herukas iracundas.

»Noble hijo, procedentes de la expresión del Cuerpo de Vacuidad, de la vacuidad, esa apertura total del espíritu vacío de toda limitación, se te aparecen las divinidades pacíficas. Reconócelas pues. Procedentes de la expresión del Cuerpo de Gozo, de la lucidez de tu espíritu, aparecen unas divinidades iracundas, ¡reconócelas pues! Cuando surjan del interior de tu espíritu las legiones celestiales de los cincuenta y ocho bebedores de sangre, reconoce que todo cuanto se te aparece no es sino la irradiación de tu propio espíritu. Te fundirás entonces inmediatamente en las divinidades bebedoras de sangre y te convertirás en Buda».

Enseñanza final

«Si de esta forma no alcanzas la visión penetrante y el miedo te hace huir de estas apariciones, reaparecerá tu dolor y aumentará, y tendrás que seguir errando. Si no has llegado, pues, a la visión penetrante, creerás que todas las legiones celestiales bebedoras de sangre son los demonios de la muerte. Te sobrecogerá el miedo, el temor y el espanto y te desvanecerás. Tomarás por demonios (*Mara*) tus propias proyecciones y deberás seguir errando en la ronda de existencias. Pero si no sientes ni miedo ni angustia, no necesitas errar.

»Noble hijo, no tengas, pues, ningún miedo de las altísimas divinidades apacibles y airadas, aunque sean grandes y vastas como el cielo. No tengas ningún miedo de las divinidades medianas semejantes al Monte Meru*, no tengas miedo alguno de las más pequeñas, aunque sean dieciocho veces mayores que tu propio cuerpo. Todos los fenómenos o posibilidades de manifestación se te aparecerán bajo la forma de los cuerpos de las divinidades y de las luces, reconócelas como irradiación de tu propio espíritu. Todo cuanto es tus propios cuerpos, tus propias luces, tus propias irradiaciones, se fundirá para no ser más que uno y tu serás Buda.

»Oh noble hijo, reconoce que todos los fenómenos que constatas, todas las impresiones espantosas, son tus propias proyecciones. Reconoce que la data luz es tu propio conocimiento, tu propia irradiación. Si, de esta forma, obtienes la visión penetrante, sin la menor duda, de inmediato, te convertirás en Buda. Así es, y eso ocurrirá sin duda alguna. En un instante quedarás despierto. Recuérdalo.

»Noble hijo, si no lo reconoces y tienes miedo, las divinidades apacibles se convertirán en el Negro Protector. Y todas las divinidades airadas se te aparecerán bajo la forma del Rey de la Ley (Yama, dios de la muerte). Así

______

* Montaña que representa el eje del mundo.

tus propias apariciones te parecerán ser el diablo (*Mara*) y tendrás que errar en el ciclo de las existencias.

»Noble hijo, si no reconoces tus propias proyecciones por lo que en realidad son, no serás Buda, aunque conozcas todas las enseñanzas, los sutras, los tantras. Si lo reconoces todo como tus propias proyecciones, con ese solo secreto y esa sola palabra, serás Buda. Pero si no reconoces eso, en cuanto mueras, el Rey de la Ley, a saber, Yama, el Dios de la Muerte, se te aparecerá en el estado intermedio de la Verdad en Sí[101]. Las más grandes formas del Rey de la Ley, Señor de la Muerte, son extensas como el espacio; las medianas, semejantes al Monte Meru, y las más pequeñas llenan el mundo. Aparecen con los ojos vidriados, mordiéndose con los dientes el labio inferior, con el pelo recogido en moño sobre la cabeza, el vientre enorme, el cuello delgado, y blandiendo en la mano la plancha en la que se anotan todos nuestros actos, gritando «golpea-mata». Aspiran el seso, arrancan las cabezas de los cuerpos y extirpan las entrañas. Llegan y llenan todo el universo.

»Noble hijo, nada temas, cuando esto se te aparezca. Puesto que eres un cuerpo-mental[102] producto de sus tendencias inconscientes, no puedes morir[103] en

---

[101] Tibetano, «chos-ryid bar-do».

[102] Tibetano, «yid-kyi-lus».

[103] Literalmente, «te falta el fundamento necesario para morir»; es decir, un cuerpo.

realidad, aunque te maten o te despedacen. En realidad tu forma no es más que vacuidad, de manera que no tienes nada que temer. Y puesto que los emisarios de la muerte son igualmente tus propias proyecciones, no existe en ellas ninguna realidad material. ¡Y la vacuidad no puede herir a la vacuidad! Es un hecho innegable que las divinidades apacibles y airadas, los bebedores de sangre de múltiples cabezas, las luces de arcoíris y las espantosas formas del dios de la muerte, etc., que se te aparecen en el exterior, no son más que el juego de tu propio espíritu. No tienen, pues, ninguna realidad propia, ninguna sustancia propia[104]. Si lo reconoces, las apariciones serán los Yidams divinos. Piensa con adoración y veneración: "Han venido a sacarme del sendero vertiginoso del estado intermedio. En ellos me amparo". Realicé en ti a los Tres Raros y Sublimes. Recuerda tu Yidam cualquiera que sea, llámale por su nombre, implórale: "Precioso y divino Yidam, mientras tenga que errar en el estado intermedio, acude en mi auxilio; por compasión, libérame". Llama a tu lama por su nombre, implórale: "Mientras tenga que andar errante por el estado intermedio, no me retires tu compasión, acude en mi auxilio". Implora con devoción a las legiones celestiales de los bebedores de sangre: ⁝

---

[104] Tibetano, «dngos-su grub-pa med».

«*Ay de mí, ahora que tengo que andar errante*
Por el estado intermedio, bajo el imperio de las
  tendencias inconscientes,
En el camino de luz del abandono del miedo y del
  espanto,
Que las divinidades apacibles y airadas me guíen
Y que las poderosas divinidades femeninas,
Esfera de todo conocimiento, me empujen por detrás,
Que me libren del camino
Vertiginoso de los miedos del bardo,
Que me establezcan en el despertar
Total y perfectamente puro del Buda.
Apegado como estaba a los que amaba,
Tengo que vagar solitario.
Ahora que surgen las imágenes vacías del espejo de mis
  propias proyecciones,
Así puedan evitarse el miedo y la angustia del pavoroso
  bardo
Gracias a la compasión infinita del Buda.
Ahora que las cinco luces puras
De la sabiduría fundamental brillan aquí,
Así pueda yo, sin miedo y sin angustia, reconocer
  el estado intermedio.
Ahora que tengo que sufrir a causa de mi mal karma
Así puedan los divinos Yi-dams ahorrarme el sufrimiento.
Ahora que el son fundamental de la Verdad en Sí[105]
Retumba como mil truenos

Así pueda transmutarse para mí
En el sonido de las seis sílabas[106]
OM MANI PE MEHUNG.
Ahora que sufro aquí por las acciones cometidas
   por culpa de mis perversas inclinaciones,
Que se me aparece la clara luz
Que es la felicidad[107] *del estado de meditación,*
Así puedan los cinco elementos no serme hostiles
Así pueda yo verlos como los
Campos de manifestación de los Budas de las cinco
   familias $\frac{o}{o}$».

Reza de este modo con gran aspiración y adoración. Una vez disipados esos temores, es seguro que te convertirás en Buda en el Cuerpo de Gozo. Es muy importante, no te distraigas».

Se le explica esto al muerto de tres a siete veces. Por pesada que sea la ceguera y por turbio que sea el efecto del karma anterior, es imposible no quedar liberado. Pero, sin embargo, pese a todo lo que se haya hecho por ellos, aquellos que no hayan obtenido la visión penetrante, tienen que pasar al tercer estado intermedio del devenir[108], Por eso a cada uno se le ayuda individualmente para que obtenga la visión penetrante. Ocurre con frecuencia que se esté turbado a la hora de la muerte,

---

[106] Om mani-padme hüm. La forma de invocación de Avalokites'vara.

[107] Sánscrito, «samādhi».

[108] Tibetano, «srid-pabar-do».

cualquiera que haya sido la práctica de la meditación. Aparte de la liberación por la escucha, no existe ninguna ayuda. Para aquellos que han meditado mucho, el bardo de la Verdad en Sí aparece inmediatamente después de la separación del cuerpo y del espíritu. Aquellos que en vida han reconocido la verdadera naturaleza de su espíritu, y se han hecho muy expertos en esa meditación, se encuentran muy fuertes cuando luce para ellos la clara luz a la hora de la muerte[109]. Por esta razón, es muy importante la práctica espiritual antes de la muerte. Aquellos que, en vida, han realizado las dos fases de meditación de las divinidades tántricas, a saber, el desarrollo y la terminación[110], se encuentran muy fuertes a la hora del estado intermedio de la Verdad en Sí[111], cuando aparecen las divinidades apacibles e iracundas.

Es, pues, importante entrenar al espíritu, en vida, en la práctica del Bardo-Thödol. Hay que captar su sentido, perfeccionar su conocimiento, leerlo en voz alta, asimilarlo plenamente. Hay que practicarlo tres veces al día sin falta, teniendo presente con claridad el significado de cada una de las palabras. Ya que, aunque te persiguieran cien asesinos, no deberías olvidar el significado de estas palabras.

---

[109] Tibetano, «'chi-ka'i bar-do».

[110] Tibetano, «bskyed-rdzogs».

[111] Tibetano, «chos-nyid bar-do».

A este método se le llama la *liberación por la escucha*, porque incluso aquellos que han cometido los cinco actos de consecuencias inconmensurables[112], alcanzarán sin duda la liberación si oyen esta enseñanza por la vía de sus oídos. Por eso hay que leer ese texto en voz alta y repetir estas enseñanzas a las multitudes. Aunque solo se haya oído una vez sin comprenderlo siquiera, se recordará en el estado intermedio sin olvidar una sola palabra, pues el espíritu es en ese momento nueve veces más claro. Por eso hay que comunicar esa enseñanza al oído de todos los vivos, leyéndolo en todos los hospitales, ante el cuerpo de todos los muertos, llevándolo a todas partes.

Quien se encuentra con esta enseñanza es en verdad un hombre dichoso. Para tener esa dicha, se requiere un gran mérito[113] y disipar los numerosos velos del espíritu. Aunque se encuentre uno con estas enseñanzas, resulta difícil asimilarlas. Una vez oída esa enseñanza, se queda liberado por el mero hecho de creer en ella. Por eso hay que apreciarla infinitamente. Es la quintaesencia de todas las enseñanzas.

He aquí el fin de la enseñanza en el estado intermedio de la Verdad en Sí, llamada la *Gran liberación*

---

[112] Tibetano, «mtshan-med-pa». Quienes hayan matado a su padre o a su madre, hayan matado o herido a un buda, hayan matado a un Arhat, o quienes se hayan escindido del Sangha.

[113] La frase siguiente no se encuentra en la nueva impresión india.

para la escucha. Siddha Karmalingpa ha encontrado este texto junto al Serdan, el río aurífero[113a] en el Monte Gampodar.

He aquí el mantra para purificar totalmente todos los estados inferiores de la manifestación[*]:

TETYA TA OM CHODANE CHODANE SAR UA PA PAM BI-HODHANE CHUDHE BICHUDE. SAR VA KARMA A UA R ANA BICHODHANE SOHA.

Este mantra, recitado siete veces, tiene el poder de purificar los actos perjudiciales de todos los seres, de disipar los velos que cubren su espíritu y de liberarlos del peso de su inconsciente.

OM KUMARA RUPA DHARA MEMBE CHA SAMBHAVA AN-GUITSA ANGUITSA LANGO LANGO DRUM HUNG DZINA DZIKA MENZU CHIRYE KARAYA MAM SARNA DUKEBE PE SE SAMAYA SAMAYA AMTTOBHA BODAWA PAPAM CHAYASOHA.

Este mantra puede purificar actos perjudiciales tan grandes como la montaña axial.

OM DURU DZA YE MUKHE SOHA.

Mantra que multiplica por mil la potencia de nuestras virtudes y el mantra equivalente que viene del sutra del Entramado de Loto y de la Cofia del Loto:

[113a] Karma-gling-pa; sGam-po-gdar; gSer-ldan

[*] Estos mantras no se encuentran ni en la edición alemana de Govinda ni en las ediciones inglesas. (*N. del T.*)

OM HRI PEMA NARA TE CHARA HUNG HUNG PE HANUBA CHA PA RA HRI DA SAMBHARA OM PRABHARA SOHA OM ABHIKHETSA RA HUNG.

Es un mantra sacado del tantra de Manjusri que, recitado siete veces sobre un hueso o sobre la carne, suprime todo acto nocivo de comer carne.

OM KHETSAKANA OM ABHIRA HUNG KHA TSARAM.

Recitado 108 veces, este mantra tiene el poder de liberar a todos los insectos muertos por inadvertencia bajo nuestros pies. Este mantra procede del tantra de Manjusri.

OM SAMARA BIMANA SAHARA MAHA DZA UA HUNG.

Multiplica por cien la fuerza de la dedicación de nuestros actos benéficos.

El estado intermedio del devenir[114]

---

[114] Tibetano, «srid-pa bar-do».

(*Comentario*). Si el muerto no obtiene la visión penetrante, no puede reconocer, en el estado intermedio de la Verdad en Sí, la vacuidad de los cuerpos luminosos de los cinco Budas. Y si el muerto no reconoce la claridad de la luz fundamental que es su verdadera naturaleza profunda, idéntica a la vacuidad, sus ilusiones se hacen cada vez más intensas. Siente entonces un miedo existencial. Se siente privado de su cuerpo, perseguido, acosado; presa del frío y de la tempestad, busca un refugio y no encuentra más que la matriz. La enseñanza del lama pretende interrumpir la dirección que tienden a tomar las cosas o, al menos, a impedir que la nueva encarnación se haga en malas condiciones. El estado intermedio del devenir atañe a una fase en la que la vitalidad del muerto busca una nueva encarnación. Es, pues, una fase que precede a la concepción. La profunda aspiración a poseer de nuevo un cuerpo es tan fuerte en él que el cuerpo-mental cree tener ya un cuerpo físico, hasta el punto de que ya sabe y siente la constitución que tendrá. El verso de un tantra define admirablemente ese cuerpo mental presumido y percibido por el cuerpo-mental. El doble sentido de ese verso es difícilmente traducible. Es causa de interpretaciones contradictorias, incluso entre los sabios tibetanos. Resulta, pues, difícil explicar la apariencia de ese cuerpo en el estado intermedio. El presente texto del Bardo-Thödol, redactado por Karmalingpa, interpreta de la siguiente manera estas palabras que se prestan a confusiones: «Según el devenir precedente[115]».

En el estado intermedio, el cuerpo presumido se caracteriza por su ambivalencia; por una parte, está formado por las tendencias que reglan las acciones pasadas del muerto; así pues, tiene el aspecto del cuerpo precedente, y, por otra parte, ese cuerpo presenta los signos de la existencia futura. Con ese cuerpo aparente, el muerto tiene sorprendentes visiones del mundo, ve claramente los lugares de su futura existencia. Las demás características de ese cuerpo de apariencia se explicarán en el texto mismo. *(Fin del comentario).*

---

[115] Tibetano «sngon-'byung srid-pa'i sha-gzugs-can».

El cuerpo mental del muerto

Del ciclo *Una profunda enseñanza de la liberación espontá-nea por la devoción a las divinidades apacibles y airadas*[116], he aquí la clara indicación para obtener la visión pene-trante en el estado intermedio del devenir, llamada la *Gran liberación por la escucha*[117]: $\frac{\text{o}}{\text{o}}$

> *«¡Oh! lama, divinos Yildams, legiones de los Dakinis, os venero de todo corazón y os suplico que me conduzcáis a la liberación del estado intermedio* $\frac{\text{o}}{\text{o}}$ *».*

El estado intermedio de la Verdad en Sí se ha expli-cado anteriormente en la *Gran liberación por la escucha*. He aquí ahora la explicación del estado intermedio del devenir: es necesario guiar, hasta que hayan transcu-rrido diez días, a aquellos que, debido a su miedo, a su

---

[116] Zab-chos zhi-khro dgongs-pa rang-grol.

[117] Thos-grol-cehn-mo.

angustia y a su karma adverso, a su falta de práctica o a su ceguera, han tenido dificultad en obtener la visión penetrante a pesar de la ayuda que se les ha ofrecido en varias ocasiones en el estado intermedio de la Verdad en Sí.

Se rinde homenaje a los Tres Raros y Sublimes haciendo una ofrenda. Se suplica a los Budas y Boddhisattvas que concedan su protección. Luego se llama al muerto de tres a siete veces por su nombre, diciendo:

«Noble hijo, ¡escucha atentamente y recuerda esto! Los cuerpos de los seres infernales, de las divinidades y de los seres en el estado intermedio nacen espontáneamente*[118]. Además, como no has reconocido en el estado intermedio de la Verdad en Sí, la auténtica naturaleza de las apariciones terroríficas y pacíficas, he aquí que han transcurrido veinticuatro días y medio durante los cuales has tenido miedo y te has desmayado. Recuperado de ese desmayo, tu espíritu se ha hecho cada vez más claro y has tenido la impresión de tener el cuerpo del que disponías anteriormente.

»Como dice el tantra: &148

---

* Sin pasar por una matriz o un huevo. Basta con que piensen que son una cosa para que se conviertan en ella efectivamente.

[118] Tibetano, «rdzus-skyes».

"Con el cuerpo de carne precedente y futuro, característico del bardo del devenir, dotado de todos sus sentidos, errando sin obstrucción, poseyendo el poder de los milagros bajo el control del karma, viendo con el ojo puro divino a aquellos que tienen la misma naturaleza $\frac{o}{o}$".

»¿Qué quiere decir "el cuerpo precedente y futuro?"

»—. "Precedente" significa que tienes un cuerpo de carne y de sangre constituido por tus anteriores inclinaciones. Pero es radiante y posee también los signos característicos de la edad de oro. Se lo llama el cuerpo-mental, ya que él es el que aparece en el bardo. Manifiesta el contenido de lo mental.

»Si has de renacer entre los dioses, en ese momento se te aparecerá el mundo de los dioses. El mundo de los titanes (anti-dioses), de los hombres, de los animales, de los espíritus ávidos o de los seres infernales se te aparecerá según el lugar en el que renazcas. ¡Por eso se dice "futuro"!

»Durante tres días y medio, pensabas tener una forma carnal cuyo aspecto dependía de las tendencias de tu espíritu, de tu existencia "precedente". Y se dice "futuro" porque precisamente se te aparece el lugar en el que nacerás próximamente. Por eso se dice "el cuerpo de carne precedente-futuro".

»No te dejes, pues, influir por las visiones, cualesquiera que sean. No las persigas. No te dejes atraer por ellas. Si las deseas, sufrirás, puesto que tendrás que errar por el mundo de los seis estados de existencia. Aunque se te haya aparecido el estado intermedio de la Verdad en Sí, no has comprendido su significado y ahora tienes que errar aquí. Ahora sin distraerte, si puedes conservar el conocimiento de la esencia del espíritu, permanece profundamente relajado, sin ocuparte de nada, en el no-acertar[119], en unión de la clara luminosidad y de la vacuidad deslumbrante y desnuda, como antaño te lo indicó tu lama. Así no retornarás a la matriz, sino que obtendrás la liberación. Si tu espíritu no está contraído, no concebirá una matriz y tu obtendrás la liberación. Pero si no reconoces esto, medita sin interrumpirte, lleno de devoción y de adoración, sobre tu divino Yidam o sobre tu lama, por encima de tu cabeza. Es importante. Es muy importante. Hazlo continuamente, sin distraerte».

Así se habla al muerto. Si comprende de verdad, queda entonces liberado y no tiene necesidad de errar en los seis estados de existencia impuros. Pero la influencia del mal karma es grande y no resulta fácil comprender. Se dice entonces esto:

«Noble hijo, escucha con todos tus sentidos impuestos. ¿Qué quiere decir "dotado de todos sus sentidos, errando sin obstrucción"? Eso significa que, aunque en vida estuvieras ciego, sordo o paralítico, ahora, en el bardo, tus ojos ven, tus oídos oyen, y todos tus sentidos

---

[119] Tibetano, «'dzin-medbyar-medo».

están intactos y claros. Por eso se dice "dotado de todos sus sentidos".

»Es señal de que estás muerto y de que estás errando en el estado intermedio. ¡Ten conciencia de ello! ¡Recuerda las instrucciones liberadoras que se te han dado!

»Noble hijo, "errando sin obstrucción" significa que eres ahora un cuerpo-mental y que tu espíritu carece de soporte, que tu cuerpo inmaterial puede atravesar el Monte Meru, atravesar las casas, la tierra, las rocas, las montañas y las colinas sin que nada lo detenga. No hay más que dos lugares que no puedes atravesar, la matriz y el asiento del Vajra*.

»Como esto es señal de que te encuentras en el estado intermedio del devenir, recuerda la enseñanza de tu lama, y suplica al Señor de Gran Compasión, Avalokitesvara.

»Noble hijo, ¿qué significa "poseyendo el poder de los milagros bajo el control del karma"? Eso significa que despliegas poderes supranormales que proceden de la fuerza de tu karma; los ha forjado el efecto de tus acciones pasadas y no proceden de tu meditación o de tus virtudes.

»Por tanto, puedes ahora en un instante atravesar los cuatro continentes y el Monte Meru. Puedes trasladarte inmediatamente al lugar que desees. Te basta con pensar en él para estar allí. Tardas el tiempo que le cuesta a un

---

* El taburete en el que se sienta el Buda Gauthama para alcanzar el Despertar, en *Bodhgaya*.

hombre extender y doblar el brazo. Pero no desees ni rechaces esos poderes. Puedes realizar todo aquello en lo que pienses. No hay razón de que algo te sea imposible. ¡Reconócelo e implora a tu lama!

»Hijo nuestro, "viendo con el ojo divino a aquellos que tienen la misma naturaleza", significa que todos los que van a renacer con la misma naturaleza se perciben unos a otros en el bardo. Así, todos cuantos están destinados a renacer entre los dioses, pueden reconocerse.

»Puesto que solo se reconoce a aquellos que nacerán en el mismo estado de existencia, no hay que dejarse atraer, sino meditar sobre el Gran Compasivo Avalokitesvara.

»"Viendo con el ojo divino" significa que quien está en el estado intermedio ve con la mirada pura celestial que adquiere con la meditación, pero que no procede de la actividad benéfica de los dioses.

Así pues, no siempre se ve con esa mirada celestial, sino solamente si se concentra uno en la visión penetrante. Si no se piensa en ello, no se ve nada. La distracción también puede impedir ver».

Características de la existencia del muerto

(*Comentario*). Este capítulo es una descripción más profunda de las características de la existencia del muerto.

La naturaleza profunda se describe como una pluma llevada por el viento o como «cabalgando sobre el caballo solitario del desierto». Estas imágenes reposan sobre una representación muy particular que reaparece en toda la literatura búdica. El espíritu no es portador de un cuerpo de material grosero; sino que está constituido por un soplo ligero. Ese soplo ligero es principalmente el portador del espíritu. Es en sí mismo móvil, volátil, inmaterial (ver el comentario de introducción a la primera parte); se le llama *prana* en sánscrito y *rlung* en tibetano. La gama de significados va desde viento, respiración, soplo de vida, hasta vitalidad, energía vital. La tradición del yoga práctico compara con frecuencia ese soplo a un caballo, montura del espíritu. Si el espíritu no está domeñado, ese solitario no se deja domar y sobreviene entonces la distracción en la meditación. Durante el estado intermedio, esa vitalidad, ese soplo, se hace tan rebelde, debido a lo que le empuja hacia un renacimiento, que hace tambalearse y vacilar a la naturaleza profunda que lleva a la grupa. Esta imagen vuelve a aparecer al final del texto, con la diferencia de que se exhorta al muerto a mantener las riendas en solitario, la montura de su espíritu, igual que se pone la brida a un caballo. (***Fin del comentario***).

«Noble hijo, con el cuerpo de que dispones actualmente, encontrarás a tus parientes y amigos como en un sueño. Mas les dirigirás la palabra y nada te responderán. Verás a tus parientes y amigos llorar, y pensarás: "Estoy muerto, ¿qué debo hacer?". Sufrirás como un pez asado en la arena ardiente. Lamentarte de esta suerte no servirá de nada. Si tienes un lama, implórale o vuélvete hacia tu Yidam divino o hacia el Señor de Compasión (Avalokitesvara). Es inútil que quieras dirigirte a tus parientes. Renuncia a ello. Pero si te diriges a Avalokitesvara, el Señor de Compasión, te ahorrarás sufrimiento y espanto.

»Noble hijo, cuando te arrastra el viento cambiante de tu karma, sin ninguna libertad, tu espíritu sin soporte es semejante a una pluma que lleva el viento. Te tambaleas y vacilas. Dirás a los que derraman lágrimas: "Estoy aquí, no lloréis". Pero como no te oyen, pensarás: "Estoy muerto". ¡Y serás desdichado! No te sientas desdichado por eso. Día y noche brillará una luz gris otoñal. Ese estado intermedio durará tres, cuatro, cinco, seis o siete semanas, hasta cuarenta y nueve días. Por lo general, los sufrimientos del estado intermedio del devenir duran veintiún días. Pero todo depende de la influencia del karma.

»Noble hijo, en ese momento, ¡la tempestad de tu karma se volverá tan furiosa y amenazante! ¡Su ira se hará intolerable y te asirá por detrás! No tengas miedo. No son más que tus propias ilusiones. Una terrible oscuridad, profunda e intolerable, te precede con gritos espantosos de "golpéalo!, ¡mátalo!". No tengas miedo. Demonios comedores de carne aparecerán a los que están cegados, blandiendo armas y lanzando gritos de guerra: «¡Golpea-golpea, mata-mata!». Y creerás que animales feroces y nubes de guerreros te persiguen en una tormenta de nieve y de lluvia. Cegado, huirás. El estruendo de los golpes vendrá a sumarse al aullido de la tormenta como si se derrumbaran las montañas, se desbordasen los mares y chisporrotease el fuego. Tu camino se verá interrumpido por tres precipicios: blanco, rojo y negro. Te tragarán y te despedazarán.

»Noble hijo, no son grietas del terreno, son en realidad las tres pasiones malas[120]: la aversión, la atracción y la ceguera. Ahora reconoce que estás en el estado intermedio del devenir y llama por su nombre al Gran Compasivo: "Oh, Señor de Compasión, mi lama, y vosotros, los Tres Raros y Sublimes, no me dejéis a mí, que me llamo..., caer en uno de los tres estados desdichados de existencia". Reza con insistencia y no olvides esto. Los que han adquirido la sabiduría y el mérito consagrándose al bien y al Dharma serán recibidos por toda clase de placeres perfectos. Los que no hayan hecho ni bien ni mal, pero que hayan vivido en la indiferencia y en la ignorancia, no sentirán ni dicha, ni sufrimiento, sino que estarán rodeados de indiferencia y de ignorancia.

»Noble hijo, cualquiera que sea la felicidad o el placer que se te aparezcan, no te dejes atraer. Conságralos al

---

[120] Tibetano, «nyon-mongs».

lama y a los Tres Raros y Sublimes. Si no te ocurren ni dichas ni sufrimientos, sino que todo es indiferentemente neutro, deja que tu espíritu[121] permanezca en el Gran Símbolo[122] Mahamudra, más allá de la distracción y de la meditación. Es capital.

»Noble hijo, en ese momento te detendrás junto a los puentes, a los templos, a los conventos, a las cabañas y a las chozas. Pero no podrás permanecer mucho en ellos porque tu espíritu, al no tener ya cuerpo, no puede estabilizarse en ninguna parte. Te sientes atormentado, amargado y acosado. Tiritas. Tu espíritu está disperso, vacilante y difuso. No tendrás más que un solo pensamiento: "Estoy muerto, ¿qué puedo hacer?". Con ese pensamiento, tu corazón se vuelve vacío y frío. Estás lleno de una tristeza interna infinita. No te apegues a un lugar, puesto que debes errar. No emprendas nada, deja que tu espíritu permanezca en su estado natural. He aquí el momento en el que no tendrás para comer más que lo que te consagren por sacrificio y en el que no podrás contar con tus amigos. Son los signos de que tienes que errar en el estado intermedio del devenir. La dicha y los tormentos dependerán de tu karma. Al pasear por tu propio país, al ver a tus vecinos, e incluso tu cadáver, pensarás dolorosamente: "¡Así pues,

---

[121] Tibetano, «sgom-med byar-med».

[122] Sánscrito, «mahāmudrā».

estoy muerto!". Tu cuerpo mental pierde entonces su seguridad, y te dices a ti mismo: "¡Oh! ¡Qué no daría yo por tener un cuerpo cualquiera!". Y te pondrás a buscar un cuerpo por todas partes. Aunque intentarás entrar nueve veces en tu cadáver, este estará helado si es invierno, o descompuesto si es verano, o bien tu familia lo habrá quemado o enterrado, o bien las aves y las rapaces lo habrán despedazado, de forma que no encontrarás nada para reintegrarte porque ha transcurrido mucho tiempo desde que vagas por el bardo de la Verdad en Sí. He aquí por qué eres tan desgraciado y por qué quieres abismarte en las grietas y en las rocas. Es el sufrimiento del estado intermedio del devenir. Mientras andes a la búsqueda de un cuerpo, no conocerás más que el sufrimiento. No hagas nada pues, y en lugar de aspirar a encontrar un cuerpo, permanece sin distraerte en el no actuar».

El muerto al que así se ha ayudado en la visión penetrante, obtiene la liberación en el estado intermedio.

El peso de los actos

Si el muerto no reconoce la verdad debido a su mal karma, a pesar de la ayuda que haya recibido para la visión penetrante, se le llama por su nombre, diciendo:

«Noble hijo..., ¡escucha! Tienes que padecer estos sufrimientos porque son el fruto de tus propios actos.

Ruega a los Tres Raros y Sublimes que te han de proteger. Y si no sabes rezar de esa manera, si no sabes meditar sobre el Gran Símbolo, y si no te concentras sobre tu Yidam divino, verás a tu buen genio[123], nacido simultáneamente contigo, contar tus actos benéficos con guijarros blancos, y simultáneamente vendrá tu genio malo[124], que contará con piedras negras todos tus actos perjudiciales. Sentirás un gran miedo, una angustia y un disgusto que te harán temblar y mentir, diciendo: "No he hecho nada malo". Entonces (el dios de la muerte), Yama dirá: "Voy a consultar con el espejo de tus actos", y, mirando el espejo, aparecerán nítida y claramente el bien y el mal. ¡Tu mentira será absurda! Entonces, Yama te atará una soga al cuello y te arrastrará. Te degollará, te arrancará el corazón y te desgarrará las entrañas, lamiendo tus sesos, bebiendo tu sangre, devorando tu carne, royendo tus huesos. Pero tú no puedes morir[125], aunque estés despedazado, y te volverás a levantar. Y siempre vuelto a despedazar, tendrás que soportar grandes sufrimientos, pero nada temas cuando se cuenten los guijarros blancos. No tengas miedo, no mientas, no temas a Yama, puesto que no eres más que un cuerpo-mental, no puedes morir

---

[123] Tibetano, «lha».

[124] Tibetano, «'dre».

[125] Las dos ediciones dan aquí «ching»: unir, atar, que yo corregiría por «'chi»: morir.

realmente, aunque te despedacen y te corten en trocitos. Como tu naturaleza en realidad consiste en vacuidad, no tienes nada que temer.

»En efecto, los diferentes emisarios de la muerte son tus propias proyecciones, tus ilusiones; su forma está vacía. En cuanto a ti, tu cuerpo-mental que manifiesta las acciones de tus tendencias latentes, es vacuidad. La vacuidad no puede perjudicar a la vacuidad. Lo que no tiene ninguna característica[126] no puede perjudicar a lo que carece de toda característica.

»Fuera de tus propias ilusiones, no existe ningún emisario de la muerte, ningún genio bueno o malo, ningún ogro de cabeza de buey que venga del exterior. Reconócelo. Reconoce que todo eso es el bardo. Súmete en la contemplación del Gran Símbolo. Medita. Si no sabes sumirte en esa meditación, busca entonces a ver quién tiene miedo y date cuenta de que no consiste en nada, de que no es más que vacuidad. Se lo llama el Cuerpo de Vacuidad[127], Pero esa vacuidad no es una nada en sí. Es en este caso el pensamiento "Tengo miedo", y el conocimiento de ese pensamiento es el Cuerpo de Gozo que es lucidez deslumbrante. Vacuidad y lucidez no son dos cosas separadas. La vacuidad es lucidez y la lucidez es vacuidad. Ahora se descubre, y permanece en su estado

---

[126] Tibetano, «mtshang-ma-medo».

[127] Sánscrito, «dharmakāya», tibetano «chos-sku».

increado la indisociabilidad de la lucidez y de la vacuidad, el conocimiento desnudo. Es el Cuerpo Esencial[128], su propia energía natural se eleva en toda su posibilidad, hace aparecer todo. Es la compasión del Cuerpo de Emanación[129].

»Noble hijo, ¡mira sin distraerte! Reconoce esto realmente, y con toda certeza te convertirás en Buda en la perfección de los cuatro Cuerpos[130], ¡No te distraigas! En eso reside el límite entre el despertar de los Budas y la ilusión de los seres vivos. Como este momento es de suma importancia, si te distraes, te encontrarás hundido para siempre en la ciénaga de los sufrimientos sin poder liberarte jamás. Este instante puede cambiarlo todo, este instante es el que puede hacer de ti un Buda. He aquí lo que ocurre ahora.

»Si bien todas las apariciones del estado intermedio han surgido ante ti, no has podido reconocer la verdad a causa de tu eterna distracción. Por esta razón has tenido que padecer este miedo y esta angustia. Si sigues aún distraído, se romperá el hilo de la compasión y llegarás a un lugar en el que no existe ninguna probabilidad de liberación. ¡Estate, pues, vigilante!».

---

[128] Tibetano, «ngo-bo-nyid-kyi-sku».

[129] Tibetano, «sprul-pa'i sku».

[130] Tibetano, «sku bzhi».

Instrucciones para aquellos cuya experiencia espiritual es insuficiente

(Comentario). El Bardo recomienda dos métodos para quienes no saben meditar y a quienes no han podido ayudar las instrucciones anteriores:

— Dirigir sus pensamientos a Avalokitesvara;
— Meditar sobre el amor.

Avalokitesvara es uno de los grandes Boddhisattvas llenos de compasión para todos aquellos que sufren. Había prometido libremente a uno de los Budas de antaño que auxiliaría[131] a todo ser humano que rezase con fe en su nombre y que lo llamase en su ayuda con confianza. Esa es la razón de que todo tibetano aproveche cualquier minuto libre para tomar su rosario y recitar OM MANIPADMEHUM, visualizando al poderoso Boddhisattva. Todo un pueblo acostumbra así a llamar en su ayuda al Boddhisattva Avalokitesvara, cuando algo horrible lo amenaza. Todo tibetano tiene tal costumbre de este ejercicio, que puede practicarlo fácilmente en los peores pavores del estado intermedio. El segundo ejercicio está directamente ligado a este. Se concentra uno sobre todos

---

[131] Esto se basa por completo en el capítulo 24 del *Saddharma-pundarïka-sütra* (Sacred Books of the East. Ed. por Max Müller, vol. XXI: The Saddharma-Pundarïka or the Lotus of the True Law, traducido por H. Kern. Delhi, 1968, pp. 460 y ss.

los seres vivos, deseándoles que posean la alegría libre de todo sufrimiento y el estado de tranquilidad del espíritu. Ya sea un gran lama o un simple laico, todo tibetano reza esa oración a diario.

Estos dos ejercicios liberan al espíritu de todas las emociones negativas y turbadoras. Y al llegar a la aplicación del ritual de los muertos, puede hacer frente a todas las imperfecciones humanas sin vacilar.

Se dice luego que el muerto no debe irritarse cuando los que han quedado en la tierra se ponen a despedazar animales. Esto nos indica que en el momento de la redacción de este texto existían aún los sacrificios de animales según una costumbre no búdica. La tradición tibetana actual interpreta de otro modo ese párrafo. Se degollaría un cordero para la comida servida en casa del difunto en honor de numerosos invitados: lamas y monjes que acudían a celebrar la ceremonia. En esta fase del estado intermedio, es importante que el muerto tenga pensamientos cada vez más positivos. Ya no tiene que considerar sus faltas pasadas, sino ver a través de su frágil envoltura la luz de la vacuidad increada. En los tibetanos esta actitud se va adquiriendo a lo largo de la existencia. Al occidental le parece ingenuo y carente de sentido crítico, pero la experiencia humana siempre ha demostrado que el hombre se vuelve semejante a lo que cree. Cuanto más se deje llevar el hombre por la crítica y la disputa, más desarrolla un espíritu de discusión. Según la enseñanza del Buda, el análisis consciente de los conflictos no es la mejor forma de superarlos. Todas las enseñanzas tántricas intentan transformar lo impuro en puro. Ese tema se ha desarrollado a propósito de la familia de los cinco Budas, en el comentario de introducción a la segunda parte de esta obra. **(Fin del comentario)**.

Se ayuda al muerto a obtener la visión penetrante, de forma que llegue a ella aun cuando antes no hubiera llegado a su conocimiento. En el caso de que el muerto sea un laico que no sepa meditar, se pronuncian las siguientes palabras:

«Noble hijo, si no sabes como meditar, recuerda al Buda, al Dharma y al Sangha, así como al Compasivo Avalokitesvara. Rézale con devoción. Medita sobre el hecho de que todas estas apariciones terroríficas son tu Yidam, el Señor de la Gran Compasión. Recuerda a tu lama y el nombre secreto que te dio en la tierra con ocasión de tu iniciación tántrica. Díselo a Yama, el rey de la muerte. Aunque caigas por un precipicio, no sufrirás daño. ¡Renuncia, pues, al miedo y a la angustia!». Al pronunciar estas palabras, se ayuda al muerto a obtener la visión penetrante. ¡Y este alcanza la liberación si no lo había hecho hasta entonces!

Pero como es posible que no alcance aún la visión penetrante y que no obtenga la liberación, hay que volver a llamar al muerto por su nombre y decirle estas palabras, que son de suma importancia:

«Noble hijo, ¡tus impresiones van a proyectarte a estados de alegría y de sufrimiento, como si te lanzara una catapulta! No te dejes, pues, invadir por ningún sentimiento de atracción o de repulsa. Si tienes que renacer en los mundos celestes, se te aparecerán las visiones de esos mundos celestes. Mientras que si los familiares que has dejado tras de ti matan a muchos seres vivos, eso provocará unas apariciones impuras que saldrán a tu encuentro y te causarán una gran ira, obligándote a renacer en los infiernos. Por eso, hagan lo que hagan aquellos que has dejado tras de ti, no sientas ningún enfado, sino concéntrate en la meditación sobre el amor[132].

»Si te sientes aún apegado a los bienes del mundo que dejaste tras de ti, o si te pones a odiar a quienes quieren apoderarse de ellos aunque sepan que esos bienes están destinados a otros, deberás renacer en los infiernos o entre los espíritus desdichados; y sin embargo, podías haber renacido en mundos mejores. Aunque te sientas aún apegado a los bienes dejados detras de ti, no podrás ni obtenerlos, ni utilizarlos. Renuncia, pues, a desear ávidamente esos bienes que dejaste tras de ti. Échalos lejos de ti. Toma la firme decisión de abandonarlos, quienquiera que sea quien se haya apoderado de ellos. No seas posesivo. Antes al contrario, permanece en la indiferencia y concentra tus pensamientos ofreciendo

---

[132] Tibetano, «bymas-pa sgoms».

tus bienes en sacrificio a tu lama y a los Tres Raros y Sublimes, permaneciendo en estado de indiferencia ante los bienes materiales.

»Cuando se recitan el *Kamkani* y la *Purificación del mundo de las existencias impuras* en tus funerales, los poderes supranormales que posees bajo el efecto de tu karma, te permiten ver que los rituales se llevan a cabo de forma incorrecta por parte de este o de aquel oficiante, con desidia, distracción y no observancia de los votos; como consecuencia de ello perderás confianza y pensarás: "Se están burlando de mí". Al pensar de ese modo, te invadirá la desesperación y la tristeza. No solamente no tendrás devoción, sino que dejarás de creer y eso te hará descender a los estados de existencia inferiores.

»No es solo inútil, sino muy perjudicial emitir tales juicios. Por eso piensa que, por incorrecta que sea la ceremonia celebrada por los sacerdotes que quedaron tras de ti, ese aspecto incorrecto de tus percepciones procede de las impurezas de tu karma que se refleja como en un espejo. En efecto, ¿cómo podría lo incorrecto resultar de las palabras del Buda? Piensa que eso procede de la acción impura de tus propias impresiones.

»Esos oficiantes, sus cuerpos es el Sangha, su palabra es el Santo Dharma, su espíritu tiene la naturaleza de Buda. Piensa, pues, que te amparas en ellos. Llénate de aspiración hacia ellos, que tu visión sea pura. Si lo es, todo cuanto emprendan aquellos que has dejado tras de ti, te será beneficioso. Es capital tener esa visión pura. No lo olvides.

»Aunque debas renacer en uno de los tres estados de existencia inferiores, en el momento en que las impresiones de esos estados inferiores se eleven en ti, serás plenamente feliz en cuanto veas que tus allegados que quedaron atrás practican el Dharma según una conducta pura, libre de acciones adversas, y que los lamas y los maestros se entregan de cuerpo, de palabra y de corazón durante las ceremonias religiosas. Gracias a esa actitud, aunque hubieras debido renacer en uno de los tres estados de existencia inferiores, renacerás en un mundo mejor. Por eso es muy importante que evites la visión impura y que, lleno de una devoción y de un respeto imparcial, lo veas todo como si fuera puro. Ten, pues, cuidado.

»Noble hijo, en resumen, tu espíritu sin soporte es liviano y móvil. Y cualesquiera que sean los pensamientos que se eleven en él, buenos o malos, son muy poderosos. Por eso no pienses en las malas acciones, sino recuerda la practica del bien. Y si no has realizado buenas acciones, lleno de visiones puras y de devoción, dirige tus rezos a tu Yidam.

Reza a tu Yidam y al Muy Compasivo Avalokitesvara. Concentrándote, di esta plegaria:

"Ay de mí, separado de mis amigos, tengo que errar solo; en el momento en que las formas vacías que no son sino mis propias proyecciones, me asaltan, se dignen

los Budas concederme su fuerza de compasión que me librará del miedo, de la angustia y de los espantos del estado intermedio. Si tengo que sufrir por culpa de mis malas acciones, así pueda mi Yidam librarme de ese sufrimiento. Cuando retumban los miles de truenos del son de la Verdad en Sí, la conciencia universal, así puedan convertirse en los sones del mantra de seis sílabas. Ahora que debo padecer mis acciones sin posible escapatoria, llamo en mi auxilio al Señor de Compasión. Ahora que padezco los sufrimientos engendrados por mis tendencias inconscientes, así se me aparezca la bienaventurada luz, la clara luz, la meditación que es la Felicidad".

Recita esa plegaria con devoción y serás llevado al buen camino. Ten la seguridad de que no se te engañará. ¡Esto es de suma importancia!».

Después de recitar esa oración, le viene a la memoria al muerto, le da ánimo y le permite alcanzar la liberación. Se procede de este modo varias veces a causa de la influencia de las malas acciones que impiden conocer la verdad. Por eso es muy importante repetir esa oración varias veces.

Aparición de los futuros reinos de existencia

Una vez más se llama al muerto por su nombre, diciendo:

«Noble hijo, si has sido incapaz de comprender lo que se puso ante tus ojos anteriormente, a consecuencia de ello el cuerpo de tu vida precedente se desvanecerá cada vez más dando paso al de tu vida futura. Sentirás una profunda tristeza, y pensarás: "Cualquiera que sea el cuerpo que haya de tener, voy a tratar de buscar uno ya que sufro tanto". Y, dando tumbos, te precipitas hacia todo cuanto se presenta. Entonces lucirán sobre ti las seis luces de los seis reinos de existencia. La luz más intensa brillará allí donde tus acciones pasadas te hagan renacer.

»¡Noble hijo, escucha! ¿Qué son, pues, esas seis luces? El tenue resplandor blanco de los dioses, el resplandor rojo de los Titanes, el resplandor azul de los hombres, el resplandor verde de los animales, el resplandor amarillo de los espíritus ávidos y el resplandor gris humo del mundo de los infiernos. Estos seis resplandores se te aparecerán y tu cuerpo tomará el color del resplandor en el que habrás de renacer.

»Noble hijo, como se trata aquí ahora de las instrucciones clave, medita sobre ese resplandor cualquiera que sea, como si fuera el Señor de Gran Compasión. En el momento en que se te aparece ese resplandor, medita pensando: «Es el Señor de Gran Compasión». Esto es de suma importancia y de profundo significado, puesto que es la forma de evitar un renacimiento. Medita largamente sobre tu Yidam divino. Aparece como un espejismo, pero sin naturaleza propia. Es lo que se llama el Puro Cuerpo Ilusorio[133]. Entonces ese Yidam se va desvaneciendo pro-

---

[133] Tibetano, «sgyu-lus».

gresivamente a partir de sus contornos hacia el interior. Permanece sin captar nada en unión de la vacuidad y de la lucidez que no consiste en nada. Luego, vuelve a meditar sobre tu Yidam, luego sobre la clara luz, meditando así alternativamente. Después de eso, habiéndose desvanecido tu conocimiento desde sus confines hacia el interior, allí donde hay espacio, hay espíritu, allí donde hay espíritu está el cuerpo de vacuidad. Permanece sin artificio en el cuerpo de vacuidad, el no-ego del que nada se produce[134]. Al ser imposible todo renacimiento en ese estado, ¡serás un Buda!».

Cierre de la puerta de la matriz

(*Comentario*). El lama intenta por última vez ayudar al espíritu del muerto a obtener la visión penetrante. El muerto se siente cada vez más impelido a tomar una forma. Los cinco métodos que se enseñarán aquí no presentan elementos nuevos. El muerto tiene que concentrarse sobre su Yidam. Tiene así mismo que reconocer a su lama y a la madre divina en la pareja de sus futuros padres que se unen. Tiene que renunciar al odio y a la codicia, puesto que nada existe en realidad. El espíritu es pura vacuidad, es luz. Las fases embrionarias se analizan a continuación según el esquema hindú clásico; es decir,

---

[134] Tibetano, «Spros-bral».

que se describe, no la forma del embrión, sino su consistencia (¡fluidez, opacidad!). Me ha parecido necesario respetar esa representación para seguir de acuerdo con el sentido del texto, aunque sorprenda al occidental. Lo mismo ocurre con la descripción de los diferentes continentes a los que el muerto quiere ir a encontrar una forma humana. Esos continentes no son tal y como los conoce el occidental. Son una especie de mundos separados por mares. La comprensión del Bardo-Thödol no exige otros comentarios. Basta con considerar que esos elementos pertenecen a la concepción clásica hindú del mundo. (Ver W. Kirfeld: *Die Kosmogonit del Inder*. Bonn, 1920). **(Fin del comentario)**.

Aquellos que tienen poca costumbre de la meditación no comprenderán y estarán confundidos. Tendrán que pasar entonces por la puerta de la matriz. Por eso la enseñanza del cierre de la puerta de la matriz es tan importante. Se llama al muerto tres veces por su nombre, diciendo:

«Noble hijo, si no has reconocido antes la verdad, te parecerá que subes y que vas hacia delante o que desciendes. En ese momento, medita sobre el Gran Compasivo como si fuera tú mismo. Recuérdalo. Entonces se te aparecerán de nuevo violentas tormentas, la nieve, el granizo, las tinieblas, y tendrás la sensación de que te persigue una muchedumbre. Aquellos que no tienen ningún mérito creen llegar a un lugar miserable. Aquellos que tienen mérito, creen llegar a un lugar bienaventurado. Entonces se te aparecerán, ¡oh, noble hijo!, los signos de los continentes y de los lugares en los que renacerás. Escucha sin distraerte las enseñanzas que son ahora de gran importancia. Y aun cuando antes no hayas comprendido la enseñanza, pese a que yo haya tratado de hacer que alcanzaras la visión penetrante, ¡ahora comprenderás! Es importante que observes entonces como se cierra la puerta de la matriz. Hay dos métodos: por una parte, impedir al sujeto acercarse a la puerta de la matriz; por otra, impedir que el objeto, que es la matriz, sea penetrado».

He aquí la enseñanza para impedir que el sujeto que quiere penetrar en la matriz lo logre:

«¡Oh, noble hijo!..., cualquiera que sea el Yidam que hayas elegido, visualízalo claramente, insustancial, inalcanzable como el reflejo de la luna en el agua. Aparece, pero no tiene ninguna naturaleza propia, es como un espejismo, como el reflejo de la luna en el agua. Si no tienes Yidam, piensa que es el Señor de Compasión. Luego deja que ese Yidam se difumine, y medita sin punto de mira en unión de la Clara Luz (lucidez del espíritu) y de la vacuidad. Esto es de un significado profundo y permite evitar el retorno a la matriz. Medita sobre esto.

»Si no se puede hacer nada y se está a punto de entrar, he aquí la enseñanza para cerrar las puertas de la matriz: escucha y repite después de mí lo que se dice en la oración de los principales versos del Bardo[135], y haz como yo: $\frac{o}{o}$

> *"Ay de mí, en el momento en que se me aparece el bardo*
> *del devenir,*
> *Voy a concentrar mi espíritu en una sola cosa*
> *Y tender a prolongar la fuerza de mi buen karma.*
> *Una vez cerrada la puerta de la matriz,*
> *Tengo que alejarme de ella*[136] $\frac{o}{o}$ ".

»Es el momento en el que la perseverancia y la visión pura son necesarias. Abandona la envidia. Medita sobre tu lama y sobre su paredro.

»Se pronuncian claramente esas palabras recordándoselas a la memoria del muerto. Es importante tener en cuenta el sentido de estas palabras y ponerlas en práctica. He aquí su significado: "En el momento en que se me aparece el bardo del devenir" significa que ahora estás errando en ese bardo del devenir. La prueba está en que no puedes ver en el agua el reflejo de tu rostro y que tu cuerpo no tiene sombra.

»Es la prueba de que tu cuerpo no es más que el producto de tu mentr y de que estás unido a un cuerpo material de carne y de sangre. Ahora tu espíritu tiene que permanecer firme e inquebrantable en su resolución. La

---

[135] Bar-d rtsa-tshing.

[136] Tibetano, «rug-log». Este concepto no existe en los diccionarios. Nuestro traductor intenta capturar este concepto según su utilización en los escritos de la escuela de los nNyin-ma-pa y según los esclarecimientos de los bKa'brgyud-pa.

firmeza de esa resolución única es de extrema importancia. Hay que dominar a tu espíritu como un caballo llevado por las riendas. Todo aquello a lo que aspires se realizará para ti. No pienses, pues, en malas acciones. Al contrario, recuerda las enseñanzas, las instrucciones liberadoras, las iniciaciones[*] y la transmisión oral de los textos como la *Liberación por la escucha en el estado intermedio*[137] etc., que recibiste en vida. Tiende a prolongar los resultados de tu buen karma. Es capital. No lo olvides. No te distraigas. Ahora es cuando puedes subir o bajar. Si te dejas llevar un solo instante por la pereza, ahora eso acarrearía sufrimientos sin fin. Mas si tu aspiración está entera, ahora es cuando obtendrás la felicidad para siempre. ¡Mantén tu espíritu por las riendas! Y tiende a prolongar el efecto de tu buen karma».

Ya ha llegado el momento de cerrar la puerta de la matriz. Dicho está: $\frac{o}{o}$

> *«Acuérdate de dar media vuelta, cuando esté cerrada la puerta de la matriz; ahora es cuando la Perseverancia y la Visión Pura son necesarias $\frac{o}{o}$ ».*

Eso significa que ha llegado el momento. Entonces lo primero que hay que hacer es cerrar la puerta. ¡Existen cinco modos de cierre! ¡Por eso debes recordarlo!

---

[*] Iniciación: transferencia de poder de realización, transmitido de maestro a discípulo, en una sucesión ininterrumpida desde el propio Buda.

[137] Bar-do-thos-grol.

Noble hijo, en ese momento se te aparecerán visiones de hombre y mujer uniéndose. Al verlos, ¡no te inmiscuyas entre ambos! Recuerda, por el contrario, la enseñanza y medita sobre el hecho de que esa pareja es tu lama y su paredro. Venéralos, y hazles ofrendas. Poniendo en ello todo tu espíritu, venéralos con devoción e implora su enseñanza. Entonces se cerrará la puerta de la matriz. Pero si, de esa forma, no logras cerrar la puerta, y estás a punto de entrar en la matriz, medita sobre tu lama y su paredro, como si fueran tu Yidam, quienquiera que sea, o el Señor de Gran Compasión (Padre-Madre).

Hazle ofrendas con el pensamiento. Lleno de devoción, piensa que tienes la dicha de comportarte perfectamente. Así se cerrará la puerta de la matriz.

Pero si no pudieras llegar a cerrarla y te encuentras a punto de entrar en la matriz, he aquí el tercer método para conjurar la atracción y la aversión (que te harían renacer).

Hay cuatro clases de nacimientos:

1) el nacimiento por el huevo;
2) el nacimiento por la matriz;
3) el nacimiento milagroso;
4) el nacimiento por el calor y la humedad.

De estas cuatro, el nacimiento por el huevo y por la matriz son semejantes.

Como se ha dicho, verás unirse a un hombre y una mujer. En ese momento, a causa de tu aversión, entrarás en la matriz y te convertirás en caballo, en ave, en perro o en ser humano, o en algo parecido. Si tienes que convertirte en hombre, te ves a ti mismo aparecer como varón y experimentas un sentimiento de odio hacia tu padre y una atracción celosa hacia tu madre. Pero si has de convertirte en mujer, te ves como hembra y experimentas un sentimiento de celos odiosos hacia tu madre y un sentimiento de atracción y de codicia hacia tu padre. En esas condiciones es como entras en la matriz, y en el mismo instante en que se encuentran el óvulo y la simiente, sientes la alegría innata[138] y en esa dicha te desvaneces. El cuerpo, primero sustancia líquida, luego sustancia sólida, crece; luego, cuando abandonas la matriz y abres los ojos, ves que eres un perrillo con existencia propia. Antes habías sido un ser humano, y ahora te has convertido en perro y estás obligado a soportar los sufrimientos de una vida en la perrera o en la cochiquera, o en el hormiguero, como un insecto en su agujero, un ternero, un cabrito o un cordero; ya no puedes volverte atrás. Tendrás que padecer el mutismo y toda suerte de penalidades en un estado de gran estupidez y de ignorancia. Así darás vuelta, encadenado a la ronda de los seis estados de existencia entre los seres infernales y los espíritus ávidos, en medio de tormentos sin cuento. No hay mayor violencia, mayor miedo, mayor espanto que ese. ¡Ay, ay! Qué terror tan grande, ¡ay! Aquellos que

---

[138] Tibetano, «lhan-cig skies-pa'idga».

no han recibido la enseñanza de un lama caerán en los precipicios y en los abismos del mundo del ciclo de las existencias en donde serán eternamente hostigados por abominables sufrimientos. Escucha, pues, mi enseñanza. Te he dado las instrucciones para cerrar la puerta de la matriz conjurando a la atracción y a la aversión, ¡Escucha estas palabras y recuérdalas!

Luego, después de haber cerrado la puerta de la matriz, recuerda que tienes que dar media vuelta. Es el momento en que la perseverancia y la visión pura son necesarias; abandona la envidia. Medita sobre tu lama y sobre su paredro. Como se ha dicho, si tienes que nacer macho, sentirás una atracción hacia tu madre y una repulsión hacia tu padre. Y si has de ser hembra, la atracción será hacia tu padre y la aversión hacia tu madre. Te sentirás inundado de celos. Para ese momento, existe una enseñanza fundamental:

Noble hijo, ahora que la atracción y la aversión surgen en ti de esta suerte, medita de la siguiente manera: «Ay de mi, los seres, como yo, eran en el ciclo de las existencias a causa de sus malas acciones, a causa de su atracción y de su aversión». Y aquel que aún siente atracción y aversión tendrá que errar eternamente en el ciclo de las existencias, con el peligro de tener que hundirse largo tiempo en un océano de sufrimientos. Por eso hay que renunciar de forma absoluta a la atracción y a la aversión. «Ay de mí, a partir de ahora no quiero ni odiar ni desear».

Se afirma el espíritu con esa intención. Dice el tantra que de esa manera se cierra la puerta de la matriz.

¡Oh, noble hijo!, no te distraigas, concentra todo tu espíritu. Si hasta ahora no has conseguido cerrar la puerta de la matriz y te encuentras a punto de pasar por la puerta de la matriz, gracias a esa enseñanza, ciérrala. Piensa que en verdad nada tiene realidad, que todo es ilusorio. Medita de esta manera: «Ay de mí, padre y madre, agua diluviana, ráfagas, rugido y todas las posibilidades de manifestación no son, por su naturaleza, más que una ilusión. De cualquier forma que aparezcan, son irreales. Todo está desprovisto de verdad, es engañoso como un espejismo. Todo es impermanente, inconstante. ¿De qué sirve apegarse a las cosas? ¿De qué sirve temerlas? ¡Sería considerar a lo que no tiene existencia como si la tuviera! Todo no es más que proyección de mi propio espíritu. Y el espíritu en sí mismo no es más que una ilusión. Como no es en un principio, nada puede venir del exterior. Puesto que anteriormente no me había yo dado cuenta de esto, consideraba a lo inexistente como a algo existente y creía que lo erróneo era cierto, y como creía que era verdadero lo que era solo ilusorio, tenía que errar largo tiempo en la ronda de las existencias. Mientras no distinga que se trata de una ilusión, tendrá que errar en el corro de las existencias, en donde me hundiré en la marisma de los sufrimientos. Todo esto es semejante al sueño, a la ilusión, al eco, a la ciudad de las musas que se nutren de colores. Espejismo, ilusión óptica, reflejo de la luna en el agua, no tienen un solo instante de verdad.

Lleno de aspiración, nuestro espíritu solo se concentra en eso. El pensamiento de que todo es irreal, engañoso, destruirá ciertamente nuestra creencia en la realidad. Y si estamos interiormente convencidos, se conjura la creencia en un ego. Si comprendes así desde el fondo de tu corazón que todo no es más que mentira, se cerrará la puerta de la matriz. Pero si no se destruye en realidad la creencia y no se cierra la puerta de la matriz y nos disponemos a entrar, existe entonces una enseñanza profunda:

Noble hijo, si no has podido cerrar de esta forma la puerta de la matriz, medita sobre la luz según el quinto método y cierra así la puerta de la matriz. Esta clase de meditación es la siguiente: «Todo es el espíritu, el espíritu en sí no nace ni cesa, es vacuidad». Al pensar esto se deja al espíritu permanecer en sí mismo tal y como es, uno con él, como el agua vertida en el agua, sin artificio, sin añadidos. Se lo deja ser tal y como viene, profundamente relajado, abierto, desatado y perfectamente libre. La puerta de la matriz se cerrará sin duda para las cuatro clases de nacimiento. Medita así, mientras no se haya cerrado aún la puerta de la matriz.

Conclusión

Hasta aquí se han dado numerosas enseñanzas verdaderas y profundas para cerrar las puertas de la matriz. Así es imposible que un ser humano, ya sea de calidad superior, media o incluso limitada, no quede liberado. ¿Y cómo?

1) Como el principio consciente dispone de una videncia, puede oír cuanto digo. Pero esa videncia discurre del sujeto hacia el objeto, por eso no se puede conservar.

2) Aunque antes estuviera ciego y sordo, dispone ahora de todos sus sentidos y puede comprender lo que digo.

3) Como está perseguido constantemente por el miedo y la angustia, permanece sin distracción, en el deseo de salir de ese estado, y ahí está escuchándome.

4) Como su conciencia ya no tiene sostén material, puede llegar sin obstáculo adonde quiera, y como su atención es nueve veces más viva, la esencia de su espíritu (su conciencia espiritual), se ha hecho

mucho más clara que en el pasado, aunque antes fuera estúpida. Ahora, por el poder del karma, puede meditar cada vez con más claridad sobre cuanto se le enseña.

Son las razones esenciales por las que conviene realizar los ritos de los muertos. Y por eso es tan importante leer con interés la *Gran liberación por la escucha en el estado intermedio*[139] durante los cuarenta y nueve días del estado intermedio. Aunque el muerto no haya obtenido la liberación por esta enseñanza, la obtendrá por aquella otra. Es la razón por la que es necesario utilizar estas diferentes instrucciones varias veces. Aunque hayan oído la enseñanza sobre la visión penetrante, y aunque se les haya hecho hacer todas las anteriores visualizaciones, numerosos son los que no alcanzan la visión penetrante, de tan poco acostumbrados como están a hacer el bien; incluso al contrario, desde tiempos inmemoriales, tienen una fuerte propensión a hacer el mal debido a su gran ceguera. Si, a causa de eso, no han podido lograr cerrar la puerta de la matriz, les voy a dar una profunda instrucción para que aprendan a elegir la puerta de la matriz. Se pide ayuda a los Budas y Boddhisattvas y se ampara uno en ellos. Se llama una vez más al muerto, tres veces por su nombre, diciendo:

«¡Oh, noble hijo, difunto Fulano, escucha! Aunque antes te haya dado la enseñanza de la visión penetrante,

---

[139] Bar-do thos-grol chen-mo.

no la has entendido. Ahora, si no consigues cerrar la puerta de la matriz, será verdaderamente el momento de volver a tomar un nuevo cuerpo. Por eso existe más de una enseñanza para elegir una puerta de la matriz. Recuérdalo, no te distraigas, escucha y concéntrate con toda energía y ten esto presente.

»Noble hijo, reconoce, pues, que ahora se te aparecen los signos y las características del mundo en que nacerás. ¡Distingue, pues, el lugar en el que has de nacer y elige con cuidado el mundo! Si tienes que nacer en el mundo oriental de *Purvavideha**, verás un lago con una pareja de cisnes. No vayas a él, recuerda que tienes que dar media vuelta. Ya que si naces ahí, serás colmado en abundancia de alegría y de dicha; pero como el Dharma no está entendido, no vayas. Si tienes que renacer en el mundo del sur, de *Jambudvipa***, verás palacios magníficos. Si tienes que entrar en un nuevo estado de existencia, entra entonces ahí. Si tienes que nacer en el mundo occidental de *Aparagodaniya****, verás un lago con una yegua y un semental. ¡No vayas, apártate! Es también un continente en el que reina, es verdad, un gran bienestar, pero no está extendido en Dharma, no entres en él. Si tienes que nacer en el mundo septentrio-

---

* *Purvavideha:* aquel en el que se dispone de un cuerpo alto y noble.

** *Jambudvipa:* aquel que es nuestro mundo.

*** *Aparagodaniya:* aquel en el que se disfruta de las riquezas del ganado.

nal de *Uttarakuru**, verás un lago con bueyes o un lago alegrado por bosques. Reconoce que son esos los signos del país en el que vas a nacer. Pero no entres. Aunque la vida en él sea larga y reine la prosperidad, el Dharma no está extendido; no entres, pues, en él. Si has de nacer como dios, verás templos encantadores construidos con piedras preciosas de todas clases. ¡Si te es posible, entra! Si has de nacer como titán, verás un bosquecillo delicioso girando como una rueda de fuego. No entres ahí de ninguna manera. Piensa únicamente en dar media vuelta. Si has de nacer como animal, verás cavernas y precipicios y nidos de hierba como a través de una espesa niebla. Tampoco entres. Si has de nacer como espíritu ávido, verás troncos de árboles negros, cavernas derrumbadas y extensiones sombrías. Tendrás entonces que padecer toda clase de sufrimientos debidos al hambre y a la sed. No vayas allí en ningún caso, antes recuerda que tienes que dar media vuelta y alejarte. ¡Persevera con constancia! Si has de nacer en el infierno, oirás melodías entonadas por quienes tienen un mal karma. Te sentirás obligado a ir allí a pesar tuyo o creerás cruzar sombrías regiones o rojas y tendrás que caminar por senderos negros llenos de agujeros negros. Si vas allí, caerás al infierno, tendrás que padecer en él los males insoportables del calor y del frío; y no tendrás forma de salir de él. Por eso no tienes que

---

* *Uttarakuru:* aquel en quien retumba el desagradable sonido precursor de la muerte.

meterte en medio de todo eso. En ningún caso deberás penetrar en él. Ten cuidado. Después de cerrar la puerta de la matriz, recuerda que tienes que dar media vuelta; así es y ahora es necesario.

»Noble hijo, aunque no quieras ir ahí, te sentirás empujado a pesar de todo por las furias; es decir, por tus malos actos. Como desmayado, sin querer ir, te verás obligado. Tirado por delante por furias y verdugos, te creerás perseguido por detrás por las tinieblas, por furiosas tormentas, gritos de guerra, tormentas de nieve y de granizo y borrascas de viento. Querrás huir a causa de tu angustia y te refugiarás y te ocultarás, como ya se ha dicho, en palacios, grietas de las rocas, grutas, en lo más hondo de los bosques o en la flor de loto que se cierra sobre ti. Te dará miedo salir de tu escondite y pensarás: "No puedo irme de aquí". Y a causa de tu temor a salir, te aficionarás a ese escondite y te dará miedo hacer frente al exterior, a todos los espantos del bardo. Y oculto en el interior, allí donde nada te amenaza, tomarás un mal nacimiento que te encadenará a numerosos sufrimientos. Es señal de que los diablos y los demonios impiden tu liberación de esos malos nacimientos.

»Existe, para ese momento preciso, una enseñanza profunda. Escucha y presta atención. Cuando te persiguan las furias o se te aparezcan el miedo y la angustia, evoca en ti inmediatamente al Baghavan sublime Heruka Hayagriva o a Vajrapani, o a aquel que es tu Yidam. Su cuerpo es inmenso, sus miembros enormes y reduce a cenizas a todos los demonios. Llama así en tu auxilio a esas espantosas divinidades iracundas. Su gracia y su compasión te liberarán de esas furias y tendrás la fuerza suficiente para cerrar la puerta de la matriz.

»Noble hijo, del poder de la meditación nacen los dioses. Los espíritus adversos, los demonios y los espíritus ávidos cambian su concepción[140] de sí mismos en el bardo, apareciendo entonces como espíritus ávidos, ogros o demonios con poder de manifestar toda clase de prodigios. Surgen de la transformación de su cuerpo mental[141]. Los espíritus ávidos sumergidos en los océanos, los que vuelan por el espacio y las ochenta mil clases de demonios, aparecen todos ellos de la transformación de la concepción de sí mismos, de la transformación de su cuerpo-mental en el bardo. Lo mejor sería en ese momento recordar el Gran Símbolo[142] de la vacuidad. Si no se logra, hay que poner en práctica lo que se mostró anteriormente; a saber, el carácter ilusorio de todas las cosas. Aunque sea imposible, no se permite al espíritu aferrarse a nada, sea lo que sea, sino que se medita sobre su Yidam de Gran Compasión y se alcanza el estado intermedio, la perfecta budeidad en el Cuerpo de Gozo.

---

[140] Sánscrito, «samskāra».

[141] Tibetano, «yid-lus».

[142] Sánscrito, «mahāmudrā».

»Noble hijo, si la influencia de tus actos te obliga a tener que entrar en la matriz, te voy a dar otra instrucción para elegir la puerta de la matriz. ¡Escucha! Cualquiera que sea la matriz que se te aparezca, no entres en ella. Si llegan las furias y no puedes evitar el ir hacia la matriz, medita sobre la deidad de Hayagriva. Puesto que posees cierto poder de clarividencia, reconocerás uno detrás de otro todos los lugares de nacimiento. Elige, pues, con discernimiento adónde quieres ir.

»Existen dos enseñanzas. Una es la transferencia de conciencia en los Puros Campos de Buda; la otra es la que permite elegir una matriz en el ciclo impuro de la existencia.

»He aquí como se dirige a los seres con facultades superiores en los Puros Campos del Gozo del Espacio: "Aunque haya estado en ellos durante eras innumerables, periodos de tiempo sin comienzo, he aquí que aún hoy me hundo en la ciénaga del circulo de las existencias. Tantos Budas han alcanzado el Despertar y yo aún no estoy liberado. Hoy ya nada quiero de ese ciclo de las existencias. Mi corazón lo teme y lo rechaza sin cesar".

Ahora que estás huyendo, piensa que has de nacer de forma sobrenatural en una flor de loto, o en el Reino del Oeste, llamado los Campos de Felicidad[143], a los pies de Buda Amitabha. Aspira profundamente fijándote con

---

[143] Sánscrito, «sukhāvati».

diligencia en ese pensamiento de nacer en los Campos de Felicidad; o bien, concéntrate en el Reino Celestial que prefieras: la perfección de los actos puros[144], o la alegría manifiesta[145], o el despliegue de fuente luminosa[146], o la gloria esplendorosa o el de los sauces tupidos[147], el del Monte Potela[148], o en el palacio de luz de loto a los pies de Padmasambhava[149]. Y ahí no te distraigas. Inmediatamente después, nacerás en ese Reino Celestial. Pero si deseas llegar junto a Maitreya en el Reino de Tushita, con toda su concentración, tienes que pensar: "Ahora, he aquí que me ha llegado el momento, en el estado intermedio, de poder acercarme al invencible Ajita, Rey del Dharma, en el Reino de Tushita".

»Y te encontrarás entonces de forma sobrenatural en el centro de una flor de loto a los pies de Maitreya. Si eso no fuera posible, o si deseas de buen grado entrar en la matriz, o si debes entrar en ella, existe una instrucción para elegir la puerta de la matriz de los mundos impuros. ¡Escucha pues! Como antes, déjate aconsejar en cuanto al mundo en el que buscas nacer. Con tu don de clari-

---

[144] Tibetano, «rnam-par-dag-pa».

[145] Tibetano, «mngon-par-dga'-ba».

[146] Tibetano, «strug-po-bkod-pa».

[147] Tibetano, «lcang-lo-can-ma».

[148] Tibetano, «ri-bo-ta-la».

[149] Tibetano, «padma-'od-kyi-gzhal-yas».

videncia, puedes verlo, entra pues allí donde el Dharma esté extendido. Si tienes que renacer espontáneamente en un montón de basura, te parecerá que esa masa fétida está llena de olores agradables, serás atraído por ella y renacerás en ella. Por eso, de cualquier forma que se te aparezcan las visiones, no te aferres a ellas, no demuestres ni atracción ni repulsión. Elige la matriz buena. Importa que te concentres y que pienses esto: "Ah, cuánto me gustaría nacer como Salvador de todos los seres, rey que rige todo el universo[150], o como Brahman semejante al gran árbol, el sala, o como hijo de un gran santo realizado (*siddha*), o en una familia con una linea de transmisión pura del Dharma, o en una familia en la que los padres tengan perfecta confianza en el Dharma. Así pueda yo obtener un cuerpo y todas las cualidades necesarias para ayudar a la salvación de todos los seres animados".

»Concentrado en esos pensamientos, entra en la matriz; y en el momento en que penetres en la matriz, implora a todos los Budas y Boddhisattvas en las diez direcciones del cielo, así como a tu Yidam divino, y en particular al Señor de Gran Compasión. Pídeles que bendigan[151] esa matriz como un palacio divino y que te transfieran su poder de realización (iniciación). Y de ese modo entra en esa matriz.

---

[150] Sánscrito, «cakravartin».

[151] Sánscrito, «abhiseka».

»Pero al elegir así tal puerta de la matriz, subsiste el peligro de equivocarse, ya que, por efecto de tu karma, puedes confundir la puerta de una matriz pura, tomándola por una matriz impura, y viceversa. Puesto que subsiste el peligro de un error, un buen consejo adquiere gran importancia en ese momento. ¡Actúa, pues, de la siguiente manera! En cuanto se te aparezca una puerta de matriz pura, no sientas ninguna atracción, y en cuanto veas una puerta impura, no sientas ninguna aversión. Sin apoderarte de lo bueno y sin rechazar lo malo, tienes que permanecer en la gran ecuanimidad desprovista de afectos y de aversiones. Es la profunda instrucción clave.

»Excepto para el reducido número de quienes han tenido la experiencia de la realización, resulta difícil librarse de los vestigios de esa enfermedad que son las malas tendencias. Incluso para aquellos que no pueden librarse del afecto y de la aversión, para aquellos cuyas facultades son las más bajas e incluso para los grandes pecadores que son como animales, puede conjurarse la suerte por la toma de refugio.

»Noble hijo, como no sabes elegir una matriz, si no puedes librarte del afecto y de la aversión, cualesquiera que sean los fenómenos que se te aparezcan y de los que te he hablado antes, ¡pronuncia el nombre de los Tres Raros y Sublimes! Toma refugio. Implora al Gran Compasivo. ¡Márchate con la cabeza alta! ¡Reconoce, pues, realmente el estado intermedio! Deja de odiar o de amar a tus allegados que dejaste tras de ti, a tus hijos y a tus hijas, y a todos tus seres queridos. Eso no te ha de ayudar. Ahora entra en la luz azul del mundo de los humanos y en la luz blanca del mundo de los dioses. Entra en los palacios de piedras preciosas y en los jardines de delicias».

Se le explica esto al muerto hasta siete veces. Luego se invoca a los Budas o Boddhisattvas. Por último se lee hasta siete veces las siguientes plegarias: *Protección frente a los espantos del estado intermedio*[152], *Palabras fundamentales para el estado intermedio*[153] y *Liberación del camino vertiginoso del estado intermedio*[154]. *Luego se lee con voz clara el texto: Liberación por la aplicación de los mantras sobre el cuerpo*[155] *y Liberación de los agregados*[156] *y Rito para la liberación de las tendencias inconscientes*[157].

Si se hace esto, los yoguis de alta realización podrán en el momento de la muerte transferir su conciencia y no tendrán que entrar en el estado intermedio. Alcanzarán la liberación cuando penetren en el infinito de la más

---

[152] Bar-do'i smon-lam'jigs-skyobs.

[153] Bar-do'i rtsa-tshig.

[154] Bar-do'i phrang-sgrol.

[155] br Tags-sgrol.

[156] Phung-po rang-grol.

[157] Chos-spyod bag-chags rang grol.

alta realización. Algunas personas que tengan práctica, en el momento del bardo de la muerte reconocerán la Clara Luz y, en el infinito de la suprema realización, se convertirán en Buda.

Aquellos que vienen después en el orden de la realización, pasan al estado intermedio de la Verdad en Sí, en donde verán aparecer durante dos semanas las visiones de las deidades apacibles e iracundas. En ese momento, según la irradiación de sus actos pasados y de sus cualidades particulares, algunos alcanzarán o no alcanzarán la liberación. Si uno de los medios no nos libera, otro lo permitirá.

Aquel que sabe reconocer las apariciones tiene la ventaja incomparable de llegar a un lugar favorable para renacer. Incluso los más viles, aquellos que son semejantes a los animales, pueden evitar caer en los estados inferiores de la manifestación, si se refugian en los Tres Raros y Sublimes.

Y después de haber obtenido el precioso cuerpo humano dotado de las ocho libertades y de las diez adquisiciones que les abren las puertas de la práctica del Dharma, encuentra un maestro espiritual[158] en su vida siguiente, y, al obtener las enseñanzas, quedará entonces liberado. Si se aplican estas instrucciones en el bardo del devenir, se prolongan entonces los resultados de nuestro buen karma, como un tubo, añadido a una canalización

---

[158] Tibetano, «Dge-ba'i bshes-gnyen».

interrumpida, que restablece el caudal. No es, pues, posible que quien oiga esta enseñanza no quede liberado, aunque haya sido un gran malhechor.

En el momento del bardo, está por una parte la compasión de todas las divinidades apacibles y airadas, los Budas que salen a nuestro encuentro, y por otra, están todos los demonios y todos los obstáculos. Basta en ese momento con oír esa enseñanza para que se cambien nuestras percepciones y obtengamos la liberación.

Por otra parte, como el muerto no tiene ningún soporte material, y como su cuerpo es un cuerpo-mental, le resulta muy fácil cambiar sus percepciones. Aunque vague por el estado intermedio, a la distancia que sea, puede vernos y oírnos debido a cierta clarividencia y a que es capaz de recordar la enseñanza y de poder cambiar su pensamiento en un abrir y cerrar de ojos. Esta enseñanza es de gran utilidad.

Es como una catapulta o como el hecho de situar en el agua de un río un árbol gigante que cien hombres no podrían manejar. Por el agua se lo transporta en un instante adonde se quiera. Es también semejante al freno de un caballo. Por eso hay que acudir junto a todos los muertos y, al lado del cadáver, un amigo ha de leer continuamente y con voz clara esta enseñanza hasta que la sangre y el suero escapen por la nariz. Durante todo este tiempo, no hay que mover el cuerpo del muerto. Entre las reglas que no hay que omitir en la aplicación del ritual: ningún ser vivo debe ser sacrificado por el muerto. Los parientes y amigos que velan al difunto no deben llorar, ni gemir, ni afligirse. Nadie debe lamentarse. Todo lo contrario, hay que hacer el bien cuanto se pueda.

Hay que leer luego esta enseñanza para la *Liberación por la escucha en el estado intermedio*, así como toda clase de textos del Dharma que se han citado, junto a esta guía, que es muy eficaz. Hay, pues, que leer estos textos continuamente, ejercitándose a comprender el significado de las palabras y de los conceptos. Ya que, en el momento en que la muerte es cierta y se reconocen estos signos, conviene leer por sí mismo este texto y meditar en su corazón, mientras lo permita nuestra condición física. Y cuando nos faltan las fuerzas, hay que rogar a un amigo que lea claramente el libro para nosotros. Entonces, sin duda alguna, se quedará liberado. Esta es una enseñanza que no requiere un entrenamiento perfecto, sino que libera por el mero hecho de ser visto u oído. Es la profunda instrucción que libera por la lectura. Esta enseñanza lleva igualmente a los malhechores sobre el camino secreto de la perfección tantrista. Y aun cuando siete perros te persiguieran, no debes olvidar las palabras y los conceptos de esta enseñanza, ya que es la instrucción que permite alcanzar el despertar del Buda en el instante de la muerte. Incluso los Budas de los Tres-Tiempos no podrían encontrar una doctrina superior a esta.

Esta es la quintaesencia de la *Liberación por la escucha en el estado intermedia*[159], que libera a quien se encuentra en el estado intermedio y lleva a todos los seres a la liberación.

Este es el texto-tesoro[160] descubierto por el Siddha Karmalingpa en el monte Gampodar.

Así advenga un gran bien a las enseñanzas y a los seres vivos.

SARVA MAN GALAM

---

[159] Bar-do thos-grol chen-mo.

[160] Tibtano, «gterma»; sGom-po-gdar.

Glosario

Este breve glosario está destinado a aquellos que aún no se hallen familiarizados con los conceptos clave del pensamiento búdico. Estas definiciones son, por tanto, muy generales.

Boddisattva: Es un ser que, habiendo despertado su conciencia espiritual y habiendo alcanzado la liberación perfecta, enseña a todos los demás seres el camino de la liberación del sufrimiento.

Buda: Todo Despertar, todo Desarrollo. El Altísimo que ha alcanzado su Suprema Iluminación más allá del sufrimiento y de la ignorancia. El Buda ha pasado de la existencia de los fenómenos a la existencia verdadera de lo increado y, a partir de ahí, se ha hecho idéntico a la verdad y a la realidad. Se distingue al Buda de nuestra era, Gautama, de la casa de los príncipes Sakya, que vivió en la India a mediados del primer milenio a. de C., de los demás Budas de las épocas anteriores y posteriores. Como el Buda es la pura naturaleza espiritual, la conciencia universal y la realidad, todas las imágenes y todas las representaciones son insuficientes y, sin embargo, indican lo que es esa conciencia universal. Pero el Buda no es ni un Dios, ni un creador, ni un Salvador. Muy al contrario, antes de su iluminación, era un ser como los demás. La Budeidad perfecta es, pues, la meta a perseguir por todos los seres.

Dharma: Es la enseñanza del Buda, pero es también la Verdad en Sí, puesto que el Buda enseña la suprema realidad, la de su propio ser. Así, el aspecto personal del Dharma es el ser propio del Buda, el Dharmakaya.

Karma: Este concepto expresa, en primer lugar, todo acto, luego también la suma de todas las tendencias que residen en un acto, en un pensamiento o en una palabra; es decir, cierta fuerza que determina el destino del ser humano y de todos los seres vivos.

Lama: Maestro espiritual en el budismo tibetano. Es, para el discípulo, idéntico al Buda, ya que transmite el Dharma. Buda y Lama son la fuente del Dharma. Es, pues, de desear que el discípulo coloque al lama en el mismo nivel de devoción y de confianza que el Buda.

Mahayana: Llamado «el gran vehículo». Reúne a todos los seres en la vía de la liberación y de la realización. La imagen guía del Mahayana es el Boddhisattva. La compasión por todos los seres y la firme intención de indicarles el camino de la liberación del sufrimiento es la motivación de su comportamiento espiritual. El fin del Mahayana es hacer que todos los seres sean conscientes de la conciencia espiritual que habita en cada uno, y así convertirse en budas.

Sangha: Comunidad de quienes siguen el Dharma y se amparan en el Buda. Concretamente, y en un sentido más restringido, este concepto designa a los monjes y monjas del Buda.

Sutra: Enseñanzas del Buda que se dirigen a todos aquellos que siguen el ideal del Boddhisattva. Dice la tradición que esos sutras son las palabras auténticas del Buda.

Tantra: Enseñanzas del Buda que se dirigen solamente a un público capaz de alcanzar un conocimiento particularmente profundo. Consisten en la aplicación de diversos símbolos y rituales que permiten la metamorfosis de los fenómenos impuros de la naturaleza en naturaleza indestructible, pura como el diamante, la naturaleza de la conciencia universal. Todos los rituales tántricos y las meditaciones sirven para ejercitar y realizar esta unión mística.

Yidam: Fuerzas arquetipo que pueden visualizarse en el caminar espiritual. Estas visualizaciones aparecen bajo la forma de las divinidades indotibetanas, y con frecuencia en actitudes aterrorizadoras. El Yidam es, pues, una aparición divina de las fuerzas arquetípicas que representan no el desarrollo espiritual actual del individuo, sino las fases finales de su desarrollo espiritual. Estas fuerzas son en cierto modo una instrucción preparatoria. Los Yidam no deben ser considerados dioses en absoluto. En iniciaciones autorizadas, el lama ayuda al discípulo a tomar conciencia de su propio Yidam.